青春文庫

30秒でささる！
伝え方のツボ

ビジネスフレームワーク研究所［編］

青春出版社

わかりやすく、面白く、魅力的な話のカギは、「伝え方」にあった！

自分の言いたいことをきちんと伝えるというのは、簡単なようでなかなか難しい。自分としては、１００％伝えることができた、と思っていても、相手はさほど理解していなかったというのもよくある話だ。

では一体、どういう伝え方をするのがベストなのか、といえば、「相手や話の内容にあわせて、一番いいコミュニケーションの方法をとる」というのがもちろん正解である。

しかし、それぞれのケースにあわせたコミュニケーションを学ぶ前にやれることはたくさんある。実は、伝えるコツというのは、相手が誰であれ、どんな内容であれ、実は共通している。それこそが本書のポイント「伝え方のツボ」である。

おさえておきたい「いい社交辞令」の三条件。「つかみ」と「オチ」で失敗しない一つ上の伝え方。〝言った言わない〟を回避できる動かぬ証拠を探すコツ……。

ぜひ、本書を通して、伝わらないもどかしさから自分を解放してほしい。

２０１８年７月

ビジネスフレームワーク研究所

30秒でささる！ 伝え方のツボ■目次

Step 1

Step2

自分をスマートに売り込める！　禁断の伝え方 ……… 59

Step4

少し「言葉」を変えるだけで、伝わり方は180度変わる

Step5

「人間関係」を変えるスゴい伝え方があった！……133

本文イラスト■Sutterstock
one line man / Shutterstock.com
Varlamova Lydmila / Shutterstock.com
制作■新井イッセー事務所
図版・DTP■フジマックオフィス

Step1
９割の人が間違えている「伝え方」の常識のウソ

01

「会話」に落とし込めば、ありがちな話も断然面白くなる

同じ内容のエピソードを話す場合でも、**一部分を変えるだけで話は断然面白いものになる。**

たとえば、

「この間、道を歩いていたら、ファンだという子から声を掛けられたんですよ。うれしくなって振り返ったら、うちの子供でした」

というように話すのと、会話の部分をカギカッコの中に入れて、

「この間、道を歩いていたら声をかけられたんですよ。『ファンです。がんばってください！』って。うれしくなって振り返ったら、うちの子供でした」

と話すのとでは躍動感が違ってくる。

話が面白いといわれる人が使うのは後者のパターンで、『　』の部分の声色を子供の声に変えることで、面白みを倍増させることができるのだ。

また、誰かとこんな話をしたということを**面白おかしく伝えたい時にもカギカッコの効果は抜群**だ。

「昨日、Aさんにバッタリ会ったら、隣にAさんとそっくりな人がいたんです。私が『あれ、Aさんって双子なんですか？』って聞いたら、Aさんは『いいえ』とおっしゃって。そうしたら、またもう1人そっくりな人が現れて『じつは、私たち三つ子なんです』って。びっくりしましたよ！」

このように会話調にすると、ただ「Aさんが三つ子だったことを知った」という話が会話を盛り上げるネタになるのだ。

このような話術はお笑い芸人が得意とするところで、彼らはさまざまな**エピソードを会話調に仕立て上げる**のがうまい。テレビや動画をチェックしてみるとそのコツがつかめるだろう。

ただし、笑いをとることに夢中になり、話を盛り過ぎないようには注意したい。

02 ダラダラ話す人が見落としている一番大事なこと

「昨日、本当は予定はなかったんですが、ちょっと近くまで行ったので、A社に寄ってみたら、担当課長とお会いできて、先日の件について伺ってみたら、あれは結局…」

このように、やたらと読点「、」をつけてダラダラと話す人がいるものだ。

本人としては、報告しなくてはならないことをすべて言おうとしているのかもしれないが、これでは言いたいことはスムーズに伝わらない。

また、聞いている方としてもいったい何を言いたいのかわからないだけでなく、最後まで頭をフル回転させながら根気強く聞き続けなければならない苦行のような時間でもある。

そこで、ついこのような話し方をしてしまうという人は、できるだけ**読点をなくして、句点「。」で文を短く区切る**ことを意識してみるといい。

「昨日、近くまで行ったのでA社に立ち寄ってみました。」

「前もってアポは取ってなかったのですが担当課長にお会いできました。」

「そこで、先日の件について伺ってみました。」

このように**句点で区切るだけで、一つひとつの文章がはっきりとわかりやすくなる。**

さらに「そこで」など**つなぎの言葉を入れることで、聞き手は話がどのような方向に向かうのかを予測する**ことができる。

「やはり」と言われれば、話は同じ方向に続いていくのだなと思うし、**「しかし」**なら、それまでの流れを打ち消すことになるのだろうと予測できる。そのため、話の中身がわかりやすくなるのだ。

口頭で報告する際には、一度言いたいことを文字にしてみると伝わる話し方ができるようになるだろう。

03

相手に合わせた言葉が選べないと、説得できない

人を説得するのは思いのほか難しい。こちらはよかれと思って言っているのに、邪推されたり、反論されたりして、なかなか思うように動いてくれないものである。

しかも、まったく同じ言い方をしても、人によってとらえ方が違ったりする。それは、それぞれ**心を動かされるポイントやツボが異なっている**からだ。

こんなエスニックジョークがある。

世界の海を旅していた豪華客船が座礁し、乗客は救命ボートに避難した。ところが、定員オーバーでボートが沈没しそうになる。船長は、男性客に「海に飛び込んでください！」と呼びかけるのだが誰も動こうとしない。

そこで、言い方を変えて、
アメリカ人には「ここで飛び込めば、あなたはヒーローになれる」

イギリス人には「あなたは紳士的だ」

ドイツ人には「これは命令だ」

と言うと、次々に飛び込むという話だ。

かなりステレオタイプなオチではあるが、それぞれの**タイプに合わせた言葉を選べば、いとも簡単に人を動かせる**ということである。

同じように、自信満々の人には「あなただからこそ」とか「他の人にできない」といった**自尊心をくすぐる言葉が効果的**で、権威的なものに弱い人には「上からの命令は絶対なので」や「規則ですから」などのひと言で心をグラつかせることができるのだ。

ちなみに、日本人にはどのように声をかけるかというと「みんな飛び込んでますよ」なのだという。

いかにも効果がありそうなひと言ではある。

04 当たり障りのない会話をバカにできない本当の理由

スーパーマーケットなどで、よく知り合いらしい奥さん同士が止まって立ち話をしているのを見かけることがある。

「あら、お久しぶり！」「まあ、元気だった？」「おかげさまで。今日は買い物？」「そうそう。特売のチラシが入ってたから」「レジもすごく混んでたわよ」「じゃあ、今行っても並ぶだけね」「ここ人手不足だしね」「あ、そういえばお宅のアキラくん、いくつになったの？」

大変失礼ながらそれほど中身があるとはいえない話で、なぜ会話が続くのか不思議に思う人もいるかもしれない。

だが、こうした**当たり障りのないやりとりは案外バカにできない。**なぜなら、相手との親密度をはかるのに最適だからだ。

他人との距離感に敏感といわれる日本人は、一方的な本音トークや、唐突な自己主張にはつい尻ごみしてしまう傾向にある。

なかには、本音をストレートにぶつけ合うことで信頼関係が築けると信じ込んでいる人もいるが、それはお互いが同じ温度、同じ親密度で関係性を築いている場合だけだ。

相手も同程度の親近感を持っているはずだと勝手に思い込んでの単刀直入な物言いはトラブルの元だ。「デリカシーがない人」の烙印を押されて終わりである。

まずは**世間話で互いの現在の親密度を探る**。そうして**場がある程度、温まってきたところで初めて本題に入る**。この手順をサボってはいけない。

周りからは一見意味がないと思われるような**他愛のないトークは、上質なコミュニケーションのアイドリング**として欠かせないものなのだ。

05 「結論は先に言え」のルールは、どこまで本当なのか

みんな忙しい時間をやりくりして集まっているのに、周囲に気兼ねしながら話しているためにいつまでたっても核心に迫ることができず、結論が出ない会議になってしまうことがある。

こうなってしまうと、誰かがはっきりとしたモノ言いをして場の空気を変えない限り、時間のムダ遣いになるだけだ。

この膠着《こうちゃく》した状態を打開するためには、当然のことではあるが〝**核心**〟**を最初に言う**話し方がオススメだ。

核心を先に言うことで、場の空気を一変させるのだ。

会議にかぎらず、ビジネスシーンにあっては、**「結論から話す」**のが相手に伝

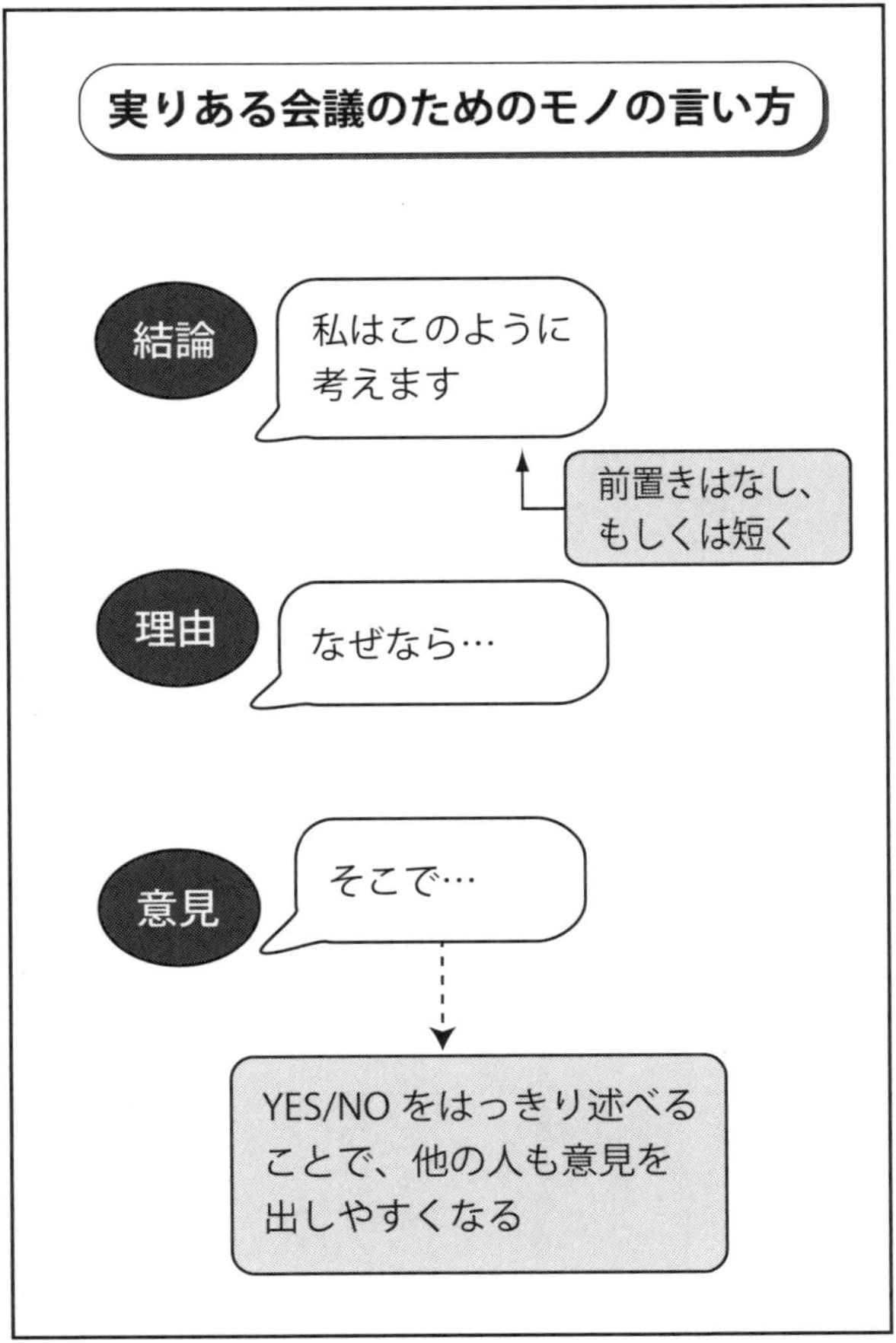
実りある会議のためのモノの言い方
結論
私はこのように
考えます
前置きはなし、
もしくは短く
理由
なぜなら…
意見
そこで…
YES/NO をはっきり述べる
ことで、他の人も意見を
出しやすくなる

えるときの基本だ。

「ＹＥＳ」か「ＮＯ」か、「私はこう考える〜」とまず切り込んでおいて、その後に「なぜなら〜」と理由を続けるのである。

自分の考え方を述べる時は、まずは**単刀直入に伝えたほうが「突破力」がある**のだ。

ただし、ここで勘違いしてはならないのが次の3点だ。

①ケンカ腰にならない

②反対するだけでなく、代替案を出す

③代替案に対してＮＯを突きつけられたら対立せずにひとまず聞き入れる

自分の考えをキチンと相手に伝えたいなら、まずはストレートに言うのが基本。

あいまいな言い方は、時にビジネスの邪魔になると肝に銘じておきたい。

06

たったひと言で相手との距離感をはかるチェック法

営業で訪問した取引先で担当者と意気投合して話が盛り上がり、あれこれ話しているうちについ話題が横道に逸れてしまうことがある。

こういう場合は、「脱線してしまってすみません」とすぐに話をもとに戻すに越したことはないのだが、こういう**雑談は意気投合した相手をもっと深く知るチャンス**でもある。

また、時にはその**脱線した話題の中から新たなビジネスチャンスが生まれてくる**こともあるので、ムダにはしたくないものだ。

そこで、このままその話題を続けてもいいのかどうかを次のひと言で相手に確認してみるといい。

「何時まで、お時間、大丈夫ですか？」

もし、相手にこの後の予定があるなら「そろそろ戻らなくては」と言うだろうし、もっと話を聞きたいと思っているなら「あと30分くらいなら」などと具体的に時間を切ってくれるだろう。

しかし、「お時間、大丈夫ですか？」と聞く前から相槌の打ち方がどことなく上の空で、明らかに相手の目線が自分のほうを向いていなかったら、早く終わりにしてほしいと思っているサインだ。

その場合は、すぐに話を元に戻してさっさと切り上げたほうがいい。

そんな時にも、「すみません。ムダなことを長々としゃべってしまいました。こんなことを話に来たんじゃありませんでしたね」と謝っておくと、いい印象を残すことができる。

仕事の相手に対して雑談ばかりというのも困りものだが、かといって用件だけで済ますのも味気ない。

相手の都合を気にかけつつ、スマートな言い回しで立ち回りたいものだ。

07 自分がどう見えるかばかり考えていると、失敗する

緊張しているのがバレてはいないだろうか、オドオドしているように見えていないだろうか、服装が変だと思われていないだろうか…。

プレゼンなど人前で話をする時に、このように自分がどう見られているかが気になってしかたがないということはあるだろう。

しかし、話をしている最中に**「私」のことばかりを気にしていると、伝わるものも伝わらなくなってしまう**。なぜなら、人からよく思われたいとか、いい印象を与えたいなどの願望が強いと、脳の機能が低下してしまうのだ。

たとえば、好きな相手と1対1で話をしている時に、自分の髪型が変なのではないかなどと気になり出してしまうと、相手の話がいっこうに頭に入ってこなく

なってしまう。

同じように、話をしながら自分のことばかりが気になってしまうと、一生懸命話しているのに上の空という状態になってしまうのである。

そうならないためには、無心になって、**相手にこの提案を伝えたい、理解してもらいたいということだけに集中する**ことだ。

よくスポーツ選手が究極の集中状態になることを「ゾーンに入る」と表現する。これと同じように、この提案を通したいという強い気持ちでプレゼンに臨めば、脳が活発に動き出す。

そうすれば、自分でも驚くほどパフォーマンスが高まり、言葉以上に深いアピール力を発揮することができるのだ。

ちなみに、スポーツ選手は〝**ゾーンに入る**〟と、**気分がリラックスして、自分以外の周囲のものがゆっくり動いているように見える**という。

まずは**「私」を消して、今やるべきことに集中する**。そうすると脳を最大限にまで機能させることができるはずだ。

「伝えたいこと」に意識を向けるコツ

1．目を閉じて眉間のあたりに
　１つの「点」を思い浮かべる

2．思い浮かべた「点」に意識を
　集中させる

3．深呼吸をしてゆっくりと目を
　開ける

↓

勉強、仕事、プレゼンなど
今やるべきことに意識を向ける
ことができる

＝

これだけでパフォーマンスが高まる

08

“形容詞”に逃げず数字で伝えるのが、大人の伝え方

「〇〇さんの新居に遊びに行ったんだけど、リビングがめちゃくちゃ広くて、部屋の数がすごく多くて素敵だったわ」

広い新居なんだなということは想像できるが、この情報だけでは具体的なイメージまでは湧いてこない。

なぜなら、この伝え方では広さを抽象的な言葉で表しているだけで、具体的な数字をいっさい示していないからである。

聞いている人のひとりは3LDKの新居を想像し、もうひとりは5LDKの新居を想像するという解釈の違いが起こるだろう。リビングの広さも聞く人によってそれぞれイメージが異なってくるにちがいない。

たとえば「30畳の広々としたリビングダイニングに6畳の和室が続いていて、ベッドルームが2つ、子供部屋も2つあって素敵だったわ」

この伝え方なら、その場にいる誰もが共通したイメージを具体的に思い描くことができるだろう。

大きさ、広さ、高さ、量、速さ、順位などは**数字で示すと相手と共通の認識を持つことができ、より正確に物事を共有して把握できる**ようになる。

また、ビジネスでは数字を活用したほうが解釈の違いによるミスが生じないし、説得力も増すことになる。

たとえば、「この新商品は従来の製品より性能がグンと上がっていて、売上げ台数も格段に伸びています」は、「この新商品は旧製品より性能が3倍アップし、月の売上げ台数も3０００台から5０００台へと伸びています」と数字を使ったほうが説得力は増す。

あいまいになりがちな表現は、ふだんから意識して数字に置き換えて話すようにしてみるといいだろう。

09
話の上手い人は、いつでも会話の〝終着点〟を考える

思いついたままに、どんどん話を進めていく人がいる。思いついたままだと本人は話しやすいので自分のことを話し上手だと勘違いしている人もいるが、こういう人の話はたいていわかりにくいことが多い。

その理由は、思いついたままに話すと話題や論点があちらこちらに飛んでしまい、結果的に一番言いたかったことは何なのか本人でさえ理解できていないからだ。

たとえば、「この間、今話題になっている絵画が観たくて美術展を観に行ったの。その絵画がさ…。あっ！　でも、その絵画目当てに入場まで2時間待ち。そうそう、その待ち時間にA子から面白い話を聞いちゃって…」のように、とめど

なく流れていく会話は最終的に何を一番伝えたかったのか不明瞭だ。

この場合、話したいことが美術展の絵画のことなのか、長い待ち時間のことなのか、Ａ子から聞いたおもしろい話なのかがわからない。

どの話題も中途半端なうちにポンポンと違う方向に飛んで尻切れトンボになり、話の結論まで至っていないからである。

こういう人は**〝会話の終着点〟を考えながら話す**ことをオススメする。

先の例だと「話題の絵画が素晴らしかった」ことを一番伝えたかったとしたら、常にそのことを意識しながら話すのだ。

コツは、**伝えたい事柄を話の中心にする**ことだ。この例だと「〝話題の絵画〟を観に美術展に行ったの」「でも、〝話題の絵画〟を目当てに入場待ちで…」「待った甲斐があって〝話題の絵画〟は素晴らしかった」などと話せばいい。

Ａ子の話については〝話題の絵画〟が中心にならないから、今回のトピックとは話がずれていることになる。そういう話には触れずに、会話の終着点を意識するだけで話がスムーズに伝わるはずだ。

10 サムくても侮れない「ダジャレ」の効用

オヤジギャグという言葉が生まれて久しいが、中高年の男性に限らず、会話の中に隙あらばダジャレを繰り出すタイプの人は年齢にかかわらず存在する。

それで場が盛り上がればいいが、相性が悪い相手だと「サムい」だの「ウザい」だのとけなされたり、うっとうしがられることもある。

だが、そこでめげてはいけない。**ダジャレは高等な会話術のひとつ**なのだ。

話ベタな人を観察していると、話し方が一本調子で、どこがポイントなのか最後までわからないことが多々ある。

独り言のようにぶつぶつと話すだけでは、どんなにその内容が興味深かったとしても相手は乗ってこないだろう。

逆に、**伝え方の上手な人は緩急のつけ方がうまい**。笑いはよく緊張と緩和で生まれるといわれるが、**なんでもない話にもちょっとした〝笑いどころ〟を入れる**だけで相手をグイグイと惹きつけられるのだ。

その点、ダジャレは手っ取り早い緩和の手段である。険しい顔つきをしながら、マジメに話をしている途中で、たとえ、少々〝寒い〟ものであっても、ダジャレをはさまれたら、こちらも肩の力が抜けて笑ってしまい、さらに話の続きが聞きたくなる。

もちろん深刻な話なのに、ヘンなタイミングで茶化すようにダジャレで合いの手を入れたり、相手が明らかに不快感を全開にしているのに、しつこく連発するのはやりすぎだ。

だが、たとえば何度も会っているのに今ひとつ打ち解けられないような相手との会話なら、あえて空気を読まずにバンバン繰り出してみるといい。

使い古されたような王道のダジャレほど、つい吹き出して緊張感がほぐれたりするものである。

11

一点の曇りもない説明が、かえって墓穴を掘るワケ

ひと昔前よりは減ったかもしれないが、まだまだ多いのが営業の電話だ。

携帯電話に生命保険、屋根や外壁の修繕、新築マンションなどの案内…。本当に必要がなければ「結構です」「間に合ってます」で済むが、たとえば携帯電話会社などはコロコロと料金プランも変わるし、少しでも安くなるならと、ちょっと話を聞いてみたい場合もある。

だが、こういう営業電話の説明は往々にして回りくどい。

「現在のプランにご満足されていますか？」

「もしも、今より月々2000円も安くなるとしたら、家計は助かりませんか？」

「では月々2000円浮いたら、2年でいくら浮くと思いますか？」

「その浮いたお金で、何ができると思いますか？」……

会話の途中で「どんなお得なプランがあるんですか？」と口を挟んでも、肝心なことはなかなか答えてはくれない。マニュアルがあるのだろうが、手順を踏んで説明をしないとダメらしいのだ。

もちろん、商品の営業なのだからパーフェクトな説明をするべきだし、消費者の中にはそれを求める人もいるだろう。

だが、最初から最後まで聞かないと**ポイントがわからない話は、相手をいらつかせる**のも事実だ。一から十まで一気に説明された挙句に「では、ご質問があればどうぞ」と言われても、もやもやするばかりである。

ただの雑談でも、「その描写は要らないだろう」「そこは省略でいいんじゃないか」と思わずツッコみたくなる話し方をする人もいる。

丁寧に話そうとしすぎるあまり、話がだらだらとまとまりのないものになってしまうことは誰にでもある。必ずしも完璧な説明が相手のためになるわけではないということだ。

12 どうしても伝わらないときの正しい"ミゾ"の埋め方

お互い口ベタというわけではないのに、なぜか話が噛み合わない相手というのはどこにでもいるものだ。

いくら説明されても頭に入ってこないし、こちらの言うことも伝わっている手応えがない。単に相性が悪いのか、このまま会話を進めてもちっとも盛り上がりそうにない…。

利害関係のない間柄なら、もうつき合わなければいいと割り切れるが、仕事となればそうもいかないだろう。

こういう時、もっとわかりやすい話し方をするように努力すべきか、いっそ「噛み合いませんね」などと冗談にしてしまうか悩むところだが、会話以外のもので解決するという方法もある。

それは**「書いて話を整理する」**ことだ。

ノートでもタブレットでもホワイトボードでもいいが、「ちょっと全体的な流れを見失ってしまったので、書いてまとめてみてもいいですか」と断りを入れ、**話の流れと要点を書き出していく**のである。

書いたものを自分だけで見るのもいいが、できれば**相手にも見てもらって内容とポイントを共有する**ほうがいい。そのうえで、お互いが理解できない部分をひとつずつ潰していけば全体像も見えやすいはずだ。

言葉では噛み合わなくても、これなら話はきちんと前に進む。備忘録にもなるし、保存しておけば次に会った時にも続きから始められるだろう。

さすがに、起承転結などいっさいない単なる世間話で「ちょっと書いてもいいですか」とメモを取り出すのは相手を引かせてしまうだけだが、それ以外ならこの手はどんどん使っていい。ちぐはぐな会話を続けるよりは、よっぽど建設的なのだ。

13
謝罪のプロが教える！ ワンランク上の伝え方の極意

連絡不足、作業ミス、時間の勘違いなど、どんなにしっかりしている人にも失敗はつきものだが、問題は、その時の謝罪のしかただ。

まずは非を認めて頭を下げる。あとは言い訳しないのが潔いが、内容によっては説明や弁明をしなくてはならないこともある。当然、ここではできるだけ言いよどんだりせず、ことの顚末をしっかり説明したほうが誠実だと考えるのがふつうだろう。

だが、じつはこういう時、**流暢すぎるのも逆効果**だったりするのだ。

たとえば企業や政治家が不祥事を起こすと、トップやその当事者が謝罪会見をすることがある。

表情こそ神妙だが、口から出てくる言葉は妙に滑らかで、まるで台本を読んでいるかのごとくだ。こんな謝罪を見せられても、こちらは「本当に反省しているのか？」「すでに用意してある言い訳を言っているだけではないのか？」と、なんとなくその態度に不信感を抱いたことはないだろうか。

もちろん、これは謝罪する側にとってはリスク回避のひとつだ。余計な失言をして揚げ足をとられないように、さらなる火種をつくらないようにするための防衛策ともいえる。

一方で、言葉選びに悩みながら、たどたどしくもどうにか謝罪をしようとする積極的な姿勢を見たら、納得はしづらいが一所懸命であることは伝わってくる。

どっちもどっちではあるが、少なくとも後者に対してはなんとなく共感もするし、同情してしまう人のほうが多いはずだ。

ひと言ひと言しぼり出す姿勢には、その場を取り繕ってどうにか逃げ切ろうという悪いイメージがない。何も話しベタを演じる必要はないが、お決まりの**定型句のような謝罪はあまりウケがよくない**ということだ。

14 さりげないお世辞の鉄則は「3割増し」がキホンです

年齢の話になって、「失礼ですが、おいくつですか?」と聞くと、にやりと笑って「いくつに見える?」という面倒な〝クイズ〟を出題してくる人がいる。

こんな時、空気を読まず見た目の印象通りの年齢を言えるメンタルの強い人もいるが、たいていは気を使って少し若めに言ってしまうものだ。

微妙な数字を出せば相手の気分を害するかもしれないし、そんなことで今後のつき合いに響いても困る。それだったら**多少ミエミエでも、お世辞を言っておいたほうが無難**だ。

お世辞は、言う側も言われる側もそれとわかっていながら行う、まさに社交辞令のひとつだが、一方で**大人の処世術のひとつ**でもある。であれば後ろめたさなど感じず、いっそ堂々と言ってみることをおすすめしたい。

そもそも円滑なコミュニケーションをめざすなら、お互いがいい気分でいられることを大前提にしなくてはならない。

であれば、どこか腰が引けた状態でお世辞を言ったところで、相手は嬉しくもなんともない。だが、本気のお世辞なら言われる方は間違いなく嬉しい。よほどの天邪鬼でない限り、人に褒められて嫌な思いをする人などいないのだ。

言う側にしてもいやいや繰り出すよりは、割り切って清々しく持ち上げてしまうほうがずっと気持ちいいだろう。

ただ、ひとつだけ注意しなくてはいけないのは、**お世辞といえどきちんと心を込める**ことだ。そのためには、「心にもない」ことを言うのではなく、少しでも自分が相手の長所だと感じている部分でお世辞を言うに限る。

たとえば、**少しだけいいなと感じている長所を3割増しくらいで褒める**。逆に、**少しだけどうかなと感じている短所は3割減くらいで大目にみてあげる**のだ。多少でも本心が混ざっているお世辞は相手を不快にさせないのである。

15

本気で伝えたいなら、「見た目」を無視しちゃいけない

人の印象は出会ってから3〜5秒で決まってしまうという話を聞いたことがあるだろうか。

これは、アメリカの心理学者であるアルバート・メラビアンが提唱した「**メラビアンの法則**」のひとつで、人は情報のほとんどを視覚から得ていると説いたものだ。

この法則によれば、**初対面の相手の情報は視覚が55パーセント、聴覚が38パーセント、**そして**言語から得る情報は7パーセント**にすぎないという。

ただしこれは、「怒りながら感謝する」など、態度と言語をちぐはぐにして、どれがいちばん相手に影響を与えるかという意図的な実験をした結果だというこ

とはあまり知られていない。

とはいえ、**人間の印象に視覚が大きな影響をおよぼす**のは事実で、ムスッとした表情でお礼を言われたら、「本当に嬉しいのかな」と疑いたくなるし、笑いながら謝られたら「本当に反省してるのかな」とイラっとするものだ。

常に神妙にしていればいいものでもないし、いつもへらへらと笑っていればいいものではない。大切なのは、**表情と言葉に矛盾をもたせない**ことだ。

お礼の言葉は笑みを浮かべて言うべきだし、謝罪したいならその神妙な気持ちを表情に出すべきである。こうしたほうが本当の気持ちを誤解されることなく伝えられるはずだ。

たしかに「目は口ほどに物を言う」というように、どんなにつくろっても言葉よりも伝わってしまうものはある。

だからといって言葉を軽んじてはいけないし、やはり言葉にしなくては伝わらないことは少なくない。そして、そこにはふさわしい表情やしぐさがあることを覚えておきたいものだ。

16

「変化球」のメッセージで、上手に他人を動かす方法

コンビニやサービスエリアのトイレで、「いつもきれいにお使いいただき、ありがとうございます」という貼り紙を見たことはないだろうか。

あれを目にしたら、不思議と自分も汚してはいけないという使命感が湧いてくる。男性なら億劫がらずに便座を上げて用を足すなど、いつもなら適当に済ませてしまうところを他の利用客や清掃員のためにも丁寧に使おうという気になるものだ。

あの貼り紙は暗に「汚さずに使ってください」というメッセージを伝えている。

だが、「トイレはきれいに」とか「気持ちよく使いましょう」と標語のような言葉で伝えても、利用者にはおそらくそこまでは響かない。

自分がちょっと汚したところで誰に咎められるわけでもないし、掃除を押しつけられるわけでもないからだ。

そこで、あえてきれいに使ってもらうことを前提として、**先回りしてお礼を伝える**という変化球のメッセージにすることで利用客の注意を引こうというわけである。結果としてそれが功を奏しているわけだ。

このように、直球ではなく**変化球で伝えたほうがメッセージが届く**例は意外と多い。

「禁煙にご協力いただき、ありがとうございます」はトイレの例とまったく同じ効果があるし、ユニークなところでは「万引き犯逮捕にご協力ありがとうございました」といったメッセージもある。

万引きをする人にとっては、誰かが捕まったという前例はリアルで怖い。「万引きを発見したら警察に通報します」という脅しよりも効果てきめんなのだ。

人に何かを強く訴えたい時は、**ストレートに言うだけでは効果は薄い**。より心に響くよう、言い方をひと工夫することが大事なのだ。

17 フレンドリーな伝え方が成功する場合、失敗する場合

どの国にもＴＰＯに応じた言葉使いは存在するが、日本語ほど明確に「敬語」というものがある言語は珍しい。

実際、目上の人や初対面の人だけでなく、それほど親しくない相手であれば、たとえ年下だとわかっていてもまずは敬語で話すという日本人が大半だろう。

だが、なかにはフランクなモノ言いのほうが相手との距離が縮まると思い込み、あえてふだんから「タメ口」で話すという独自のポリシーを貫く人もいる。

果たしてこれはコミュニケーション術としてはどうなのか。答えは自分をその相手の立場に置き換えてみればわかるだろう。

たとえば、さっき知り合ったばかりの人に「ふだんは何やってるの？　会社

員?」なんていきなり言われたら、なんて失礼な人だろうとムッとするはずだ。

さほど親しくない間柄のタメ口がなぜ腹が立つかというと、そこにはどうしても上下関係がちらつくからだ。

初めてのデートで恋人がレストランの店員に偉そうにタメ口で文句を言っているのを見て、一瞬で恋愛感情が冷めたというエピソードは〝恋バナあるある〟だ。どんなに見た目がよくても、店員を下に見る人間には不快感を持つという心理である。

やはり、**タメ口は相手との距離感に応じて使用するのがベストだ。距離の近さと信頼度はある程度比例するので、距離が縮まっていれば、仮に相手が自分より年下であっても、ため口を使われて気分を害すような事態は少なくなるはずだ。**


一方で、何度も会っているのにいつまでも**距離を縮められないような相手には、思い切ってタメ口を折り混ぜて反応をみる**というテクニックもある。

もしも、それで怪訝な顔をされたら「なーんて、すみませんでした」とごまかして、その人と接する時は敬語を原則にすればよい。

18 「語尾」を変えるだけで、伝わり方は180度変わる

口数は多いし、そこまでおしゃべりが苦手というわけではなさそうなのに、結局は何が言いたいのかよくわからなかったという人に出会うことがある。

話の内容そのものに興味が湧かないとか、起承転結がないなど、考えられる原因はいくつかあるが、意外と盲点なのが「語尾」のまとめ方である。

英語と比較すると、日本語は語尾に重きを置く言語だ。特に主語が自分である場合、その**人の意志は語尾に表れる**。

たとえば、「英会話」について話をしていたとしよう。

①「英会話を勉強することにしたんだ」

②「英会話を勉強したいと思ってる」

③「英会話を勉強したほうがいいよね」

この３つでは、そもそも意味が異なる。①はもう決意しているが、②はまだ具体的には決まっていないし、③に至ってはそもそもやる気があるのかどうかもわからない。

そして、①の場合でも、

「英会話を始めることにしたんだ」と言い切るのと、「英会話を始めようと思う」や「英会話を始めるつもり」などの言い回しでは、本人の意志は同じでも決意の度合いが違うように聞こえる。

じつは、日本人は、前者のように「〇〇した」という言い切りを避ける人のほうが多いのだ。

たしかに語尾を断定すると意志が明確に伝わる反面、主張も強く感じる。だから営業トークなどでは「～と思われるんですが…」のように濁したくなる。

だが、それだけに責任転嫁の印象を持たれたり、要らぬ誤解を生む要因にもなる。**ここぞという場面では思い切って断定する**のが吉なのだ。

19 話の輪郭をボカすことで、"次"につなげる伝え方

さほど親しくない人と2人きり…。話題に詰まって、たまたま中華料理店の看板が目に入ったので「ラーメンはお好きですか？」と話題を振ってみたが、「いいえ」とそっけなく返されて終わってしまった。

このような会話はよくダメな例に挙げられる。理由は、相手の回答しだいで会話が終わってしまう**「クローズドクエスチョン」**だからだ。

言葉のコミュニケーションの基本は、なんといっても会話のキャッチボールにある。よく知らない相手ならなおさらで、**会話を続けながら共通点や興味が広がる糸口を見つけること**が重要だ。

そのためには、**相手の質問に曖昧に答える**というテクニックも駆使したい。

一般的には、聞かれたことに対しては自分の意見を明確に答えることがよしとされているが、時と場合によっては面白みに欠けることもある。

たとえば、「お休みの日はどう過ごされるんですか？」という質問に、

「いやあ、ダラダラ過ごして終わっちゃいますよ」

などと、率直に答えるのもいいが、

「やりたいことはあるんですけどねえ」

という、やや含みをもたせた答え方をしてみる。

そうすると質問した方は「やりたいことって、何か趣味をお持ちなんですか？」と自然に返すことができ、そこから会話は自然とつながっていくのだ。

「ラーメンはお好きですか？」についても、イエスかノーで答えて終わるものではなく、「このあたりでおすすめのお店をご存じですか」のように、**その先の話題につながる問いを投げかけてみる**のである。

ふだんの会話にそこまで気を使うなんてと思う人もいるかもしれないが、話がブツブツと途切れる気まずさよりは、よっぽどマシではないだろうか。

20 「相手が察してくれる」ことが前提では痛い目にあう

流行語は世相を映す鏡というが、近頃、巷でよく使われた言葉といえば「忖度」だろう。

日常会話ではほとんど使用することがなかった言葉だが、〝ニュースの言葉〟として一躍注目を浴びた。

今や若い世代も大げさな意味であえて使ったりしているようだが、この「相手の気持ちを推しはかる」という意味を持つ言葉はじつに日本人のメンタリティをよく表している。

われわれの社会にあっては1から10まですべてを説明しなくても、どうか察してほしい、あるいは察するべきという暗黙の了解があるのだ。**「空気を読む」**などという言葉が存在するのも、こうした風潮がベースにあるからだろう。

これは言いにくいことがある時にはとても便利である反面、伝わらないまま話が進む危険性も伴う。

そもそも察する能力は誰でも同じというわけではない。

相手の気持ちを汲み取れない人も多いし、仮にそれができても間違った方向で察することだってある。

すべてを話すのが気まずいからといって**「察してもらう」ことを前提とした物言いは、どう受け取られてもかまわないというリスクも負う**ということなのである。

逆の立場になった場合でも、相手の真意がわからなかったら「今のお話は、こういう解釈でよろしいですか？」と思い切って聞いてしまったほうがいい。

その時は空気の読めないヤツだと思われるかもしれないが、**間違った忖度をして取り返しのつかないことになる**よりは、遥かにダメージは小さいだろう。

21
自分の気持ちがスムーズに伝わる「ポジショニング」とは？

　コミュニケーションについて考える場合、どうしても話す内容や言葉選びに意識が集中しがちだが、意外と**重要なのが相手とのポジション、つまり位置関係**である。

　たとえば、恋人同士であれば向かい合おうが横に並ぼうが、その会話の中身も温度感も同じだろう。友達同士だとしてもこれに近いことがいえる。

　ただこれが、そこまでの間柄ではない知人や、ビジネス関係の人が相手の場合になると、どのようなポジションで会話をするかがカギになってくる。

　一般的には向かい合って話すのがベストな選択だと考えるだろう。相手の目を見て話すことができるし、表情からも本心を読み取ることもできる。

しかし、ソリが合わない相手やライバル同士では話は変わってくる。セオリー通りに顔を突き合わせて座ると、空気が張り詰めすぎてしまい、一触即発の事態になりかねないのだ。

向かい合うとどうしても視線がぶつかるし、書類を見ながら話すとそれだけで上目使いで睨むような視線になる。こうなると、ギクシャクした空気が流れ、肝心の話がちっとも進まなくなってしまう。

この場合、**ベストは、はす向かいのポジション**だ。

たとえば、L字型のコーナーのソファに座れば適度に視線を逸らせるし、目を合わせたとしても直接的にバチバチと視線が当たることにはならない。

そして、もしそこで関係性が好転したら、そのままの勢いで飲みにでも誘って今度はカウンターで横並びに座ってみるといい。

横並びは相手との距離を縮める効果があるので、「じつは、ずっと嫌われてると思ってたんですよ」といった話から入って距離を詰めれば、飲み屋を出る頃にはかなりの仲になっているかもしれない。

Step2
自分をスマートに
売り込める！
禁断の伝え方

22 「あいさつ」は、話の伝わり方にどんな影響を与えるか

友人や仕事関係、ご近所など、毎日さまざまな人とあいさつを交わす場面がある。しかし、あいさつなんて単に形式的なものだと軽んじているなら、じつにもったいない話だ。

心理学の研究でこんな報告がなされている。見知らぬ人が立てる騒音は100パーセント迷惑だと感じるのに対して、あいさつをするような間柄になるとそれが30パーセント代にまで下がるというのだ。

つまり、**あいさつを交わすだけでぐっと親近感が増し、相手に対する度量も大きくなる**わけだ。ちょっとした顔見知りであっても、どんどんあいさつしたいものである。

もっとも、親しくない相手に声はかけづらい。ましてや、それが目下なら向こうからあいさつするのが礼儀だと思うかもしれない。

だが、ヘタなプライドにこだわっていては損をする。ここは声をかけられるのを待つよりも、**先手を打って自分からあいさつ**したほうが得策である。

「おはよう」と言われれば誰だって気持ちがいいし、あいさつをしてくれた相手に親しみを覚える。こちらが歩み寄った分、向こうも近づいてくるわけだ。

ただ、あいさつのひと言だけだと、そこで会話が終わってしまうことがある。

そこで、さらに**小ネタの雑談をプラス**できると会話が弾み、心の距離がいっそう縮まるだろう。その時の話の中身は重苦しいものではなく、天気や休日の過ごし方など軽くて答えやすいものがベターだ。

ところで、相手が同性の場合は比較的声もかけやすいものの、異性だと少々ハードルが高くなりがちである。そんな時は**会釈から始める**といい。言葉はなくても気持ちは十分に伝わるはずだ。

23

"言った言わない"を回避できる動かぬ証拠の残し方

すでに伝えたことを忘れられると、非常に腹が立つものである。「言った」「聞いていない」の水掛け論は証明する手立てがないだけに、結局は立場が弱いほうが泣きをみる羽目になる。

こういうリスクを避けるためには、**"動かぬ証拠"を残しておく**といい。第三者がいるところで話したり、会話の最中にメモをとったりするのである。

脳のメカニズムからいっても、忘れることはある程度しかたがない。人間の記憶には長期記憶と短期記憶があるのだが、長期記憶は時間が経っても思い出せる一方で、短期記憶は短いものならわずか数十秒で消えてしまうのだ。

つまり、伝えたはずの相手がさほど重要性を感じなければ、短期記憶に分類される可能性が高い。証拠としてメモはたしかに簡単な手段だが、しかし、こちらが話したことをメモしてくれとは言いづらいだろう。

そんな時は**回数で勝負する**といい。同じことを折りに触れ、何回も繰り返し伝えるのだ。

特定の情報を繰り返しアピールすると、自然と相手の脳にそれが刷り込まれていくのである。これを**「熟知性の原則」**という。同じCMを何度も目にしていると、同類の商品の中から無意識のうちにその商品を選んでしまうのも熟知性の原則が働くためだ。

いったん伝えたらおしまいではなく、繰り返し念を押すことで相手の頭の中にも重要性が焼きつけられる。

じつは、この心理は人間関係にも当てはまる。**顔を合わせる回数が多いほど、その相手に好感を抱きやすくなる**のだ。

意中の相手と親しくなりたいとか、上司を説得したい時は一気に勝負するより、ちょこちょこと**小さなアタックを繰り返したほうが成功する**確率が上がるはずだ。

24

おしゃべり上手に、なぜかスピーチ下手が多い理由

自分は話し下手だと悩んでいる人は、話し上手な人に憧れるものだ。しかし、その話し上手がどんなジャンルを得意とするか考えたことがあるだろうか。

「話す」という行為には2種類あり、**おしゃべり系とスピーチ系に分けられる**。

おしゃべり上手はスピーチも上手だと思いがちだが、それは誤解である。というのも、そもそも両者は条件が違うからだ。

おしゃべりは少人数を相手に、リラックスした雰囲気の中で行われる。話題はどんどん変化していくし、本音が飛び交う。

一方、スピーチは大人数を前にしながら、かしこまって話す。内容は一貫性が求められ、どちらかといえば本音より建前が多くなる。

これだけ条件が違えば、自ずと話し方も異なってくる。だから、生き生きとしておしゃべりする人が、**スピーチではしどろもどろになる**ケースもあるのだ。

実際は、「おしゃべりは得意だけれどスピーチは苦手」か「おしゃべりは苦手だけれどスピーチは得意」のどちらかに属することが多い。

ところで、おしゃべりは気楽で簡単、スピーチは難しいというイメージを抱きがちだが、これもまた勘違いだ。

聞き手を引きつけるおしゃべりとは、

- **「話す」と「聞く」のバランスがいい**
- **周りの人と話題をうまく合わせる**
- **話が次から次へと発展していく**

こういった条件をそろえていなければならない。気軽に話しているように見えて、じつは上手なおしゃべりは案外難しいのである。

ちなみに、おしゃべりもスピーチも得意だと自負している人は要注意だ。自己満足に陥っている可能性もあるので、周囲の反応もよく観察しよう。

25 無理な言い分を通すには無理をしてでも「理由」を探せ

人混みの中で「通してください」と叫んでみてもなかなか聞いてもらえないが、「急いでいるので通してください」と言えば案外避けてくれるものだ。後者は、**「お願い」にプラスして「理由」を告げている**ことがポイントである。

じつは、人は困っている事情を聞くと、無意識のうちにその人を助けてあげようとする「**援助行動**」をとってしまうのだ。自分には何のメリットがなくても、**哀れみや同情が本来持っている思いやりの心を刺激する**のである。

極端な話、「通りたいので通してください」でも通用する。よく考えれば正当な理由になっていないのだが、〝理由っぽいもの〞があるだけでこちらの言い分が通る確率は高まる。

「気の毒な事情」に人の心はつかまれる

転んで最下位になったリレー選手が走り切った時に拍手が涌き起こる

中間発表で劣勢と伝えられた候補者に同情票が集まり、トップ当選する

大きな力士に立ち向かう小さな力士に声援が集まる

弱い人、不利な人を応援したくなる「アンダードッグ効果」

飲食店の予約のドタキャンなど、困っている事情を正直にＳＮＳで発信することで援助の手が差し伸べられる例も多い

このように、急いでいる時は取るに足らない理由でかまわない。しかし、相手が話を聞く態勢にある場合は、もう少しもっともらしい内容のほうが心に響くだろう。

たとえば、「親が病気で」や「財布を落としてしまいまして」、「彼女にフラレちゃった〜」といった具合に、不幸な身の上話や気の毒な事情を訴えるのだ。すると、相手は自分の主張を引っ込め、わがままなお願いも聞いてもらいやすくなる。

これは心理学で言うところの**「アンダードッグ効果」**が作用した結果だ。アンダードッグとは、川に落ちた犬を指す。欧米には川に落ちた犬を叩いてはいけないという意味合いの諺があり、そこから生まれた心理学用語である。

ようするに、かわいそうな状況にある者にさらなる仕打ちはできず、親切にしてやりたいと思う心理が働くわけだ。

ちなみに、**気の毒な事情は具体的なほうがより効果が上がる**。すると、それを聞いた相手はついほだされて、賛成したり協力をしてしまうのである。

26

キチンと伝えたいなら、言ってはいけない4つのNGワード

自分では必要な情報をきちんと言ったつもりなのに、内容が十分に伝わっていなかったり、誤解されて伝わっていたりすることがある。話のまとめ方や声の出し方など原因はいろいろ考えられるが、**選んだ言葉に問題**があったかもしれない。日本語は微妙なニュアンスを表現できる反面、内容を曖昧にしてしまう単語も多いのだ。いくつか例をあげておこう。

「一応」「たぶん」

どっちつかずの言い方は、相手にとってはこの上なく頼りない。自分の意見が真剣に扱われていないと感じてしまうのだ。はっきり断言できないのであれば、「確認をしてから改めて連絡します」と出直しすることを告げてもいいだろう。

「大部分」「ちょっと」

程度の大きさがみえない。6割、3時頃、10分など、具体的な数字を述べるようにする。

「がんばります」「できる限り」「努力する」

本人の意欲は表れているが、「やってみるけれど、できるかどうかはわからない」と答えているのも同然で、相手は不愉快な気分になる。無理そうなら「今日中は無理ですが、明日いっぱいあればできます」と前向きな提案をしたい。もっともこのフレーズ、その気がない場合は、のらりくらりとかわす文句には使える。

「ご確認ください」

しばしば耳にするものの、「ご確認ください」だけで使うのはNGである。どの部分を確認してほしいのかをきちんと示す必要があるだろう。

これらの言葉は、ふだん何気なく使っているのではないだろうか。話が正確に伝わらないと、トラブルの元にもなりがちだ。**内容が曖昧になりやすいNGワードは避ける**ように心がけたいものである。

27

大勢の前で話すなら、「声は5割増し」が鉄則

表情やしぐさなど、言葉以外によっても相手に与える印象は大きく変わるものだ。声もまた大事な要素のひとつで、大きさやトーン、抑揚などで話の伝わり方や説得力が違ってくる。

基本は、**大きな声でハキハキと話す**ことである。どんなに素晴らしい内容を語っていたとしても、小さな声でボソボソとしゃべる人はいかにも自信がなさそうに見える。こういう話し方では説得力に欠け、信頼は得られない。

たしかに極端に大きな声は相手を不快にさせもするのだが、ここはあまり心配をする必要はないだろう。というのも、自分で思っているほど声が出ていない人が多いためである。これでは大きすぎるかなと感じるくらいで、ちょうどいい具

合に調節されるはずだ。

特に、**大勢を前にした時は通常の5割増し**を心がけたい。大人数の面前で発言するとなれば、どうしたって緊張する。この緊張感が声の出を悪くしてしまうからだ。つまり、5割増しを目指しても、実際に出る声は2〜3割増し程度にセーブされるのである。

ちなみに、**日本人は少し高めのトーンを好む**という。低音には低音の魅力があるものの、聞き手をポジティブな気持ちにさせるのは高めのトーンのほうなのだ。

しかも、日本人は比較的声が小さいので、大きな声はそれだけで目立つ。思い切って声を出すことは自分を売り込む絶好のチャンスにもなるだろう。

ただし、いついかなる時でも高音の大きな声が有効とは限らない。

たとえば、自分に都合の悪い話題について**言い逃れをしたいといった場面では、低めのトーンでゆっくり話す**と説得力が高まる。

また、異性を口説くような時は、そっとささやくくらいのほうが親密度がグッと増すというものだ。シチュエーションに応じて声音を使い分けたい。

28 長い話に集中させるなら「時間の法則」をおさえる

テレビのニュース番組では、コメントを挟まないストレートニュースにかける時間は、1本につき1分～1分半程度である。そんな短時間でも主旨はきちんと視聴者に伝わるのだ。

ニュース原稿はプロが作っていると思うかもしれないが、ルールに従えば誰でも言いたいことをコンパクトに伝えられる。その「**前提レベル**」は4つある。

・目的を明確にする

まずは、何のために話すのかを自分の中で整理する。目的がはっきりすれば、伝えるべき〝核〟がみえてくる。

・伝えるべきことにキャッチコピーをつける

自分の考えや主義・主張を13文字以内にまとめてみる。これは消費者の興味や関心を引くための広告コピーのようなものである。インパクトのあるフレーズで表現できれば、相手にも強い印象を与えられる。

・最初にキャッチコピーを伝える

最も言いたいことは最初に述べる。こうすると話の方向性が見えるし、相手も理解しやすくなる。このコピーは重要なポイントでもあるので、会話の途中にも挟み込んで繰り返そう。

・一文を短くする

あれもこれも詰め込もうとすると、つい一文が長くなりがちだ。しかし、長くなるほど聞き手にはわかりにくくなる。後述するが、**だいたい50文字以内**に留めるのが理想だ。

人はそう我慢強くできてはおらず、他人の話を**飽きずに聞いていられる時間はおよそ40秒が限界**だという。だからこそ、**最も主張したい点は1分程度で伝えられる**ようにまとめておくのがいいのだ。

29 相手の記憶に確実に残る自己アピール「USP」って何？

人と人との関係は第一印象が左右するといっても過言ではない。というのも、第一印象は**「初頭効果」**として作用するからだ。初頭効果とは、最初に得た情報がのちのちまで影響を及ぼす心理を指す。

良くも悪くも出会った時に抱いたイメージが定着し、あとからそれを覆すのはなかなか難しいのである。

初対面の際は、誰しも言葉遣いや身だしなみ、立ち居振る舞いに注意を払うだろう。ところが、万全の態勢で臨んでいる人でも、自己紹介は意外と見落とすことが多い。じつは、**自己紹介は自分をアピールする絶好のチャンス**なのだ。

単に名前や肩書きを告げるだけではその他大勢に埋もれ、すぐに忘れられてしまう。相手の心をグッとつかんで記憶に残すコツは、**「自己紹介」に「個人情報」をプラス**することである。

ここは出身地や趣味といった軽い話題でも悪くはない。もしも相手との共通点があれば、一気に親しみを覚えてくれる可能性もある。

だが、**「USP（ユニーク・セリング・プロポジション）」**ならもっと効果的だ。USPとは自分の強みや長所など、ストロングポイントを意味する。

ただし、ストロングポイントを強調するといっても、自慢話に終始しては嫌味だし効果が半減する。自分の強みが、相手にとってもメリットだと感じられることが肝心である。

「〜についての知識は誰よりも豊富」「〜の分野でお客様のお手伝いをしてきました」など、自分なりの言葉でUSPをアピールしたい。少々気恥ずかしいかもしれないが、ここは自信を持って堂々と話したほうがいい。

相手を理解できるとそれだけ信頼感も湧いてくる。USPを伝える自己紹介は、その第一歩といえるのである。

Step3

“一流の魅力”は、その伝え方にあらわれる

30

大人なら知っておくべき「いい社交辞令」の3カ条とは？

誰かと一緒に食事をすることで人間関係が円滑になることはよく知られていることだ。しかし口ベタな人にとっては、特に仕事絡みとなると少々気の重い時間かもしれない。

せっかく招いてもらったのに何を話せばいいのかわからず、かといって世間話に花を咲かせるほどの「話力」もない…。「いえいえ」とか「そんな、そんな」「いえそうでも…」を繰り返すばかりでは大事な商機だって逃しかねないだろう。

そんな停滞した雰囲気に持ち込まないためには、親近感を持ってもらえる**「社交辞令の3カ条」**を覚えておくといい。それは、

① 店の選択や雰囲気についてほめる

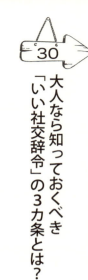

②　料理の味や店員についての感想を述べる
③　別れ際の「お礼のひと言」を忘れない

の3つだ。

たとえば、相手が行きつけだという庶民的な居酒屋に誘われたら「くつろげていい店ですね」とか「こういう店、好きなんですよ」でいい。間違っても「安上がりでいいんじゃないですか」などと、ストレートな言い方をしてはいけない。

また、逆に高級店だったら「こんな素敵なお店に連れて来ていただいて恐縮です」と、謙遜してみたい。あくまで相手を持ち上げることを忘れてはならない。

ちなみに「こういう高い店はなかなか来られませんから」は、皮肉に聞こえることもある。特に酒が入った席では、ネガティブなモノ言いはご法度だ。

最後は、定番の「今日は、お招きいただいてありがとうございました」のひと言で締めくくればいい。

社交辞令は内実の伴わない空虚な言葉だとして嫌う人も少なくないのだが、スムーズな人間関係のためには必須なのだ。

31 アグレッシブな伝え方は、百害あって一利ナシ

相手から自分の知りたいことを聞き出そうとする時に、ついやってしまいがちなのがやたらと詰問口調になることだ。早口でまくしたてたかと思えば、相手を威嚇したりもする。

「どこに行ってたんだ!?」

「いったい何してたんだ？」

「あの件はどうなっているんだ？」

こんなふうに有無を言わさず頭ごなしに責め立てると、相手もカチンときて心を開いて話をしようという気がなくなる。

しかも、返ってくる返事も「〇〇です…」という必要最低限のそっけないもの

になり、それ以上の深い話などできなくなってしまうというものだ。

そんな、人を不快にする詰問口調を避けるためには、常に**〝2つのセンテンス〟を使って問いかける**ことを意識するといい。

たとえば、締め切りが過ぎているのに上がってこない案件があったとしよう。

そんな時には、

「どうしたんだ。何かあったのか？」

「あれ、そろそろだな。どうなってる？」

など、短い2つのセンテンスを並べることで、頭ごなしに非難しているような**イライラ感を打ち消す**ことができるのだ。

また、時間に遅れた部下に対しても、「何をしてたんだ？」とだけ言うよりも、「心配したぞ」や「さあ、行くぞ」などといった言葉をつけ加えたほうが少なくとも責め立てている感じはしない。

ちょっと腹が立っている時こそ、**ワンセンテンスをプラスする**ことを心がけたいものである。

32

感動を伝えるコツは「何を言うか」より「いつ言うか」

相手が口にした言葉をそっくりそのまま言い返すことを「**オウム返し**」というが、これを会話の中で使うと、まだそれほど親しくない人とも2倍も3倍も話を弾ませることができる。

たとえば、「先週、今話題のあの映画を見に行ったんですよ」と言われたら、すかさず「へえ、あの映画を見に行ったんですか」と同じ言葉で返す。

すると、「ええ、ラストのシーンがけっこう泣けるんですよね」とか「あの俳優はいいですよ」などと話が広がっていくはずだ。

それをさらに「泣けるんですか」とか「いいんですか」とオウム返しすれば、それほど気の利いたことを言わなくとも、今、この会話を楽しんでいるという気持ちを伝えることができる。

雑談の場合は、**オウム返しくらいでお茶を濁しておく**くらいのほうがかえって会話のテンポがよく盛り上がるものなのである。

ところで、もっと突っ込んで相手の気持ちを探りたいと思ったらどうしたらいいのか。その時は、相手の言葉の中に出てきたフレーズを**感慨深げにつぶやいてみるといい。**

「結局、この世に完成したものなんてないんだよな」

「完成したものなんてない…。う〜ん、たしかにそうですよね」

というようにさりげなく**リピートして〝すくい上げる〟**と、あれ？　オレ今なんかいいこと言ったっけ？　と相手の自尊心がくすぐられるのだ。

そうすれば、「そう思うだろ？　だって…」と意気揚々として聞いてもいないことでもペラペラとしゃべってくれるに違いない。

あとはうまくオウム返しを続けるだけだ。ここまでくると相手は「オウム返しをされている」という感覚はあっても、会話の楽しさに浸れるはずだ。

33 言葉は〝小分け〟にして伝えると効果が倍増する

上から目線ではない、心からのほめ言葉は組織やチームのコミュニケーションの潤滑油になる。

しかし、ふだんあまり人をほめないので、どのタイミングでどんなふうにほめればいいのかわからないという人もいるだろう。

ほめるシーンというのは、相手を称賛したり、評価したりする時だ。だが、相手の言動に感心したからといって、突然大げさにほめるとうさん臭いし、何だかウラがありそうに思われそうだ。

かといって、しばらく経ってから思い出したように、「そういえば、あの時のあのアイデア、よかったよね」などと言うのも何を今さらという感じが否めない。

そこで人をほめる時には、**短い言葉をタイミングよく即座に繰り出す**ようにしたい。

たとえば、同僚や後輩がいいアイデアを口にしたら、**「それ、いいね！」**とか**「冴えてる！」**と反応する。会社に貢献する行動を起こした人には**「グッジョブ！」**とか**「さすが！」**などもいい。

また、ほめ言葉だけに限らず、失敗して落ち込み気味な人を励ます**「ドンマイ」**や、頑張っている人に対して感謝を表したい時には素直に**「スゴイ！」**などと言ってみたい。

最初はちょっと恥ずかしいかもしれないが、照れずにサラッとやってのけることが大切だ。そうすれば素直にその気持ちが伝わり、うさん臭さも感じられない。

このような小さなほめ言葉を気軽に口にしていれば、周囲からポジティブな空気が自然と生まれてくる。

気持ちの伝え方をちょっと変えるだけで、組織の雰囲気をガラリと変えることができるのである。

34

〝紋切り型〟だからこそ役に立つ「定型フレーズ」の話

会議をうまく仕切ることができる人は、組織の中で一目置かれるものだ。

人前で話すのが苦手な人にとっては、そんな巧みな仕切りを目の当たりにすると、その人が生まれ持った能力のように思えてますます苦手意識を持ってしまうこともあるだろう。

しかし、会議の進行のうまさは話術の巧みさとは関係がない。定型のフレーズさえ覚えておけば、誰にでもできる役割なのだ。

その**定型フレーズの基本**とは、

「定刻になりましたので、○○会議をはじめます」

「本日のテーマは、『○○について』でございます」

「まずは、この件についてご意見をお聞かせください」

「ここで、少し意見を整理します」

「そろそろ結論が見えてまいりましたので、まとめさせていただきます」

などで、**場の雰囲気に締まりがなくなってきたら、このようなフレーズでいったん区切る**ようにする。これさえできれば、進行は8割方成功したのも同然だ。

また、議論が白熱して複数の人が同時に発言し出した時のために、「ご静粛にお願いします」、「お1人ずつご発言ください」、「そのご意見に関しては、また別の機会にお願いします」などの〝**お願いフレーズ**〟も覚えておくといい。

司会進行役は会議の参加者から意見を引き出し、議論を整理するのが仕事なので、気の利いた言い回しをしたり、意見を述べる必要はない。むしろ、自分の意見は伏せておいて進行役に徹するのが基本だ。

国会の予算委員会などでは、じつに淡々と定型フレーズだけで委員会を仕切っていく委員長の姿を見ることができるが、あれが基本だと思っておけばプレッシャーを感じることもなくなるだろう。

35 たったひと言で、会話に「前向き」であることを伝える方法

人と話をするのが苦手という人は、「話題が見つけられない」ことと「沈黙が怖い」という2つの悩みを抱えているのではないだろうか。

だから、誰かと2人きりで話をするとなるとドギマギしてしまい、せっかく相手が話題を振ってくれているのに気の利いたことが言えなくなり、すぐに会話が途切れてしまうのだ。

だが、このような場面で慌ててしまうと、その空気が相手に伝わり、ますます場の雰囲気は重苦しいものになる。その結果、お互いに居心地の悪い思いをしてしまうことになるのだ。

そうならないためには、次のような2つのフレーズを覚えておくといい。

まず、相手の言ったことに対して答える時は、**「へえ、そうなんですか!」**といかにも興味を持っているという気持ちを込めて返答する。

さらに**「それって、どういうことですか?」**と、もう少し詳しく教えて欲しいというニュアンスを見せるのである。

この2つのフレーズを言われると、相手は話をどんどん進めていきたくなる。話を〝その先〟へと促すことができるのだ。

さらに、話し上手、聞き上手な人は表情も効果的に使っている。表情をあまり変えないまま、口先だけで「へえ、そうなんですか!」と言うよりも、**目を見開いて言ったほうが、その話を聞きたいという気持ちは断然伝わる**のだ。

また、「それって、どういうことですか?」という時も、ちょっと首をかしげたり、**相手の目を軽くのぞき込むだけで効果が倍増**するのだ。

そうして会話が弾んできたら、気持ちにも余裕が出てきて突っ込んだ返答もできるようになっていくだろう。

会話にエンジンがかかるまでは、この2つのフレーズをうまく使うといい。

36 マイナス感情を言葉にのせる時の大事な注意点

どんな製品を作れば売れるのか、どうやってシェアを拡大するか、いかにしてお客を呼び込むか――。

多くの人が日々やっている仕事は、どれもこのような問題を解決するためにあるといっても過言ではない。

だが、問題解決までの道のりは試練の連続だ。

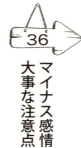

いいアイデアだと思ってやったことが裏目に出たり、まったく効果がなかったり、上司からの理不尽な指示でストップさせられたり…、うまくいくことよりも壁にぶち当たることのほうが圧倒的に多いはずだ。

そんな時に、「もうダメだ…」とか「やっぱりムリだ！」などとネガティブな

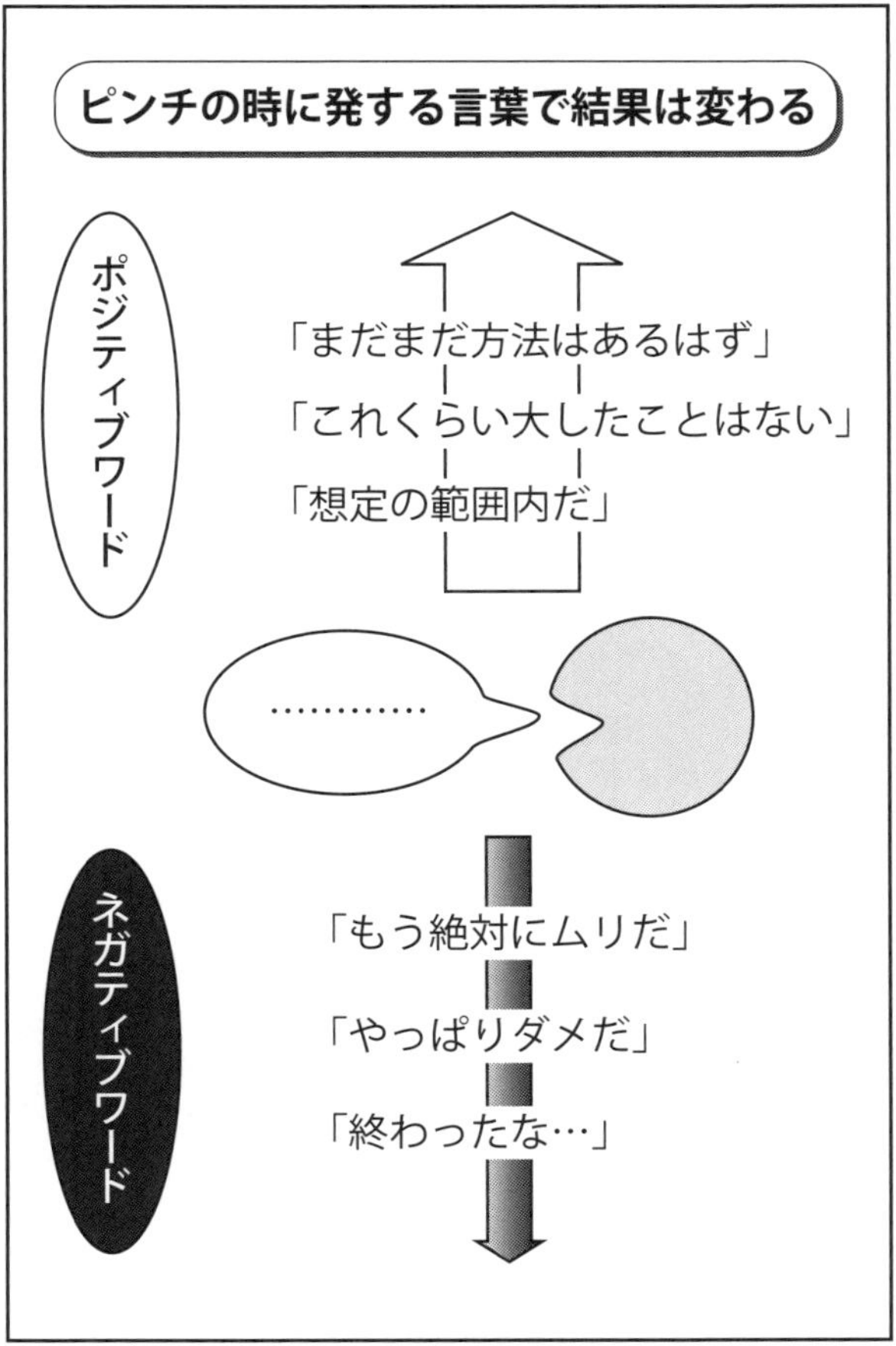
ピンチの時に発する言葉で結果は変わる
ポジティブワード
「まだまだ方法はあるはず」
「これくらい大したことはない」
「想定の範囲内だ」
…………
ネガティブワード
「もう絶対にムリだ」
「やっぱりダメだ」
「終わったな…」

言葉を連発してしまうと、気持ちまで落ち込んでしまうし、そういう人の周囲からは1人、また1人と人が消えていくことだろう。あまり一緒にいたいとは思わないからだ。

それよりも、そんなネガティブな気分を吹きとばすように「まだまだ方法はあるはず！」とか「こんなの大したことじゃない！」と口に出して言い切ってしまおう。**ポジティブな言葉を口にすることでマイナス思考を断ち切る**のだ。

そんなことくらいで気分が変わるものかと訝る人もいるかもしれないが、実際にやってみると下がる一方だった気持ちが、少しずつ上向きになるのだ。

そして、本当に**これが限界なのか？　この程度なのか？　と自分に問うてみる**といい。そうすれば思考のスイッチが切り替わり、今まで見えていなかったルートや違った方法があることに気づくはずだ。まわりの人もこの人と一緒ならなんとかなりそうだと思うはずだ。

37 トップセールスマンはこの「切り返し」で勝負を決める

トップセールスを誇る人がその極意を語った本はあまたあるが、それらに共通しているのが驚くべき**逆転の発想**だ。

だいたいセールスの仕事というのは、売り手から買い手にアプローチする時点で売り手は立場が下になる。とり立てて欲しいと思っていない人にモノの購入を勧めることになるからだ。

だから、ほとんどの客から「NO」を突きつけられる。いくらセールスをしようにも、聞く耳さえ持ってもらえないことになってしまうのだ。

しかし、「今、必要ないから」「もう持っているから」と言われて、そうですかといちいち引き下がっていたら仕事にならない。

そこで、こういう場合には、客から突きつけられた言葉を拾いあげてこう切り返すといい。

「必要ないと思ってらっしゃる〝からこそ〟、この新しい商品を知っていただきたいのです」

「すでにお使いだ〝からこそ〟、違いをおわかりいただけると思います」

客が「いらない」という理由をしっかり受け止めたうえで、**考え方を逆転させる「からこそ」というワードを使う**のだ。

この言葉を使われると、客はさほど納得していなくても、そこまで言うならとりあえずどんなものか話を聞いてみようという気分になる。こうして話を聞いてもらうきっかけをつくるというわけだ。

もし、それでも断られたとしても引き下がってはいけない。「では参考までに、どんな機能がついていたらいいなと思われますか？」とか「たとえば、いくらぐらいなら買おうと思われますか？」などとちゃっかりと意見を聞いておく。

このように客と対話することで、次につながるデータを積み上げていくのだ。

38

「質問」を利用しながら、いま話すべき内容を探す方法

話し上手な人と話しベタな人、どっちがセールスマンに向いているかといえば、やはり話し上手な人である。

だが、安心してほしい。日本人で人を惹きつけるような話術を持つ人はほんのひと握りで、ほとんどの人は話しベタだといっていい。

しかし、その中でもセールストークを聞いてもらえる人と聞いてもらえない人がいる。聞いてもらえない人は、聞いてもらえる人との違いが話し方ではなく、話す内容にあることに気づいていないだけなのだ。

たとえば、掃除機を買いに来た客に、いきなり「こちらは○○社から今月出たばかりの新しいタイプの製品で、今までのものと違ってこんなに使いやすくなっ

ています」とマニュアル通りに一から説明を始めてしまう。いったい何人の人が最後まで聞いてくれるだろうか。

ある程度の知識を持っている客であれば、もっとその先の情報を知りたいと思うだろうし、長々と続くセールストークに嫌気がさしてしまうに違いない。

そんな失敗をしないために、最初に**イエスかノーで答えられる質問を投げかけてみる**といい。まずは「この製品はご存知ですか?」と聞き、これに対する答えがノーなら「じつはこれ、今月出たばかりの…」と最初から説明するのだ。

反対に、イエスだったら次の段階に進み、「このようなタイプをお使いになったことはありますか?」と聞いてみる。

その答えがノーなら「こちらの機能がすごいんです」と具体的な商品説明に入り、イエスだったら「使ってみていかがでしたか?」とさらに感想を聞いて、その客が知りたい情報を提供する。

客はそれぞれ知識も経験も欲求も違う。相手が望んでいることにフィットした内容であれば、しっかりと話を聞いてもらうことができるのだ。

39 黙っているより、無理しても話す方が100倍いいワケ

前もって発言内容を準備している時はスムーズに話せるのに、「これについて、何かご意見はありませんか？　○○さん」といきなり名指しされると、ドギマギしてうまくしゃべれないという人は多い。

とりあえず、何かしゃべらなくてはとさらに焦ってしまい、たいした意見が言えなくて後悔したことがある人もいるだろう。

このような時は、いきなり当てられてびっくりしたというリアクションをして、考えをまとめる時間を稼ぐのもひとつの手である。

テレビのトークバラエティ番組では、ひな壇芸人と呼ばれる出演者がMCから急に話を振られて、「えっ、ボクですか⁉　いや、ちょっ、ちょっと、えーと…」

などと意味のないことを口走ったりする場面がある。

この時、本人は焦っているというポーズを取りながら、じつは何を言うべきか頭の中をフル回転させているのだ。

同じように、「えっ、急にですか?! えー、そうですね」とゆっくりと言いながらも、心を落ち着かせて、何から話し出すかを考える。

そうして意見を述べるうちに話にまとまりがなくなってきたら、「なんだかまとまりがなくなってきましたが、つまり…」と**軌道修正してもＯＫ**だ。

そもそも、いろいろな意見を出すための会議やミーティングで、**台本に書いてあるような完璧な話し方は必要ない**。それよりも内容のほうが大事だからだ。

間違っても「えーっと…」と言ったきり固まってしまい、進行役に「じゃあ、また後でうかがいますね」などとスルーされるのだけは避けたい。「意見のない人」と思われてしまうからだ。

いきなり話せといわれて緊張するのはしかたがないが、**多少しどろもどろになりながらでも、自分の意見を述べることのほうが大切**だと心得ておこう。

40 「よろしくお願いします」に頼ると交渉は失敗する

社会人になると、つい口癖のように言ってしまいがちなのが「よろしくお願いします」というひと言だ。

電話を切る時や会議の終了時、メールの文章の締めの言葉などとしても便利で、しかもそこそこ心がこもっているように聞こえるためについ何も考えずに使ってはいないだろうか。

しかし、何も考えずに言ってしまったがために失敗することもある。それは、営業の**クロージングトーク**の時だ。

クロージングは客に契約や購入を決断させ、商談を成立させる時の最終段階だが、この時に気持ちよく決断してくれる客はそれほど多くない。

むしろ、あれこれ説明を聞いても結局決められず、「じゃ、ちょっと考えてみます」と返事を先延ばしにされたりするものだ。

この時に、「では、よろしくお願いします」と言ってしまうと、そこで商談成立の可能性はほぼなくなってしまうと考えたほうがいい。

だいたい、後日返事をすると言われたら、「考えたんだけど、やっぱりやめておく」と断られるのがオチだ。即決できないほどの買い物や契約をする時は、誰しも慎重になってしまうからだ。

だから、「考えてみます」と言われたら、「何かわかりにくい点などございましたか」と聞いてみる。そして、営業トークを続けるのではなく、相手が聞きたがっていることを丁寧に説明するのである。

こうして、**客が抱いている疑問を一緒になって解消**すれば、いい返事がもらえる確率はグッと高まる。

焦らず、**客のニーズとゆっくりと向き合うことが大切**だ。簡単に「よろしくお願いします」と言ってはいけないのだ。

41 誰でもプロの「スピーチ力」が身につく4つの習慣

言いたいことをうまくまとめた完璧なスピーチ原稿をつくり、それをよどみなくスラスラとしゃべったとしても、なぜか聞いている人にはあまり伝わっていないことがある。

このような失敗の原因の多くは、**話すペースが速すぎる**ことにある。

早口でペラペラと一気にまくし立てられると、聞いている方としては何となくわかったような気がしても、実際には頭の中を言葉が通り過ぎていっているだけということがある。

そのため、話が終わった時にはほとんど記憶に残らないのだ。

では、どれくらいのペースで、どんなふうに話せば伝わるのだろうか。手本になるのは、**昔話の読み聞かせ**である。

幼い子供に聞かせる時の昔話は、子供が理解しやすいようにゆっくりとしたペースで語られる。その速さの目安は、すでに触れたように10秒間に50文字なのだそうだ。このペースで話すと、どんな年代の人にもよく言葉が聞き取れて内容も理解できる。そのため、ニュースを読むアナウンサーもこのペースを目安にしているという。

このペースはスピーチをする時だけでなく、ふだんの会話や営業トークの際にも意識するといいだろう。

そうすれば投げかけた言葉はしっかりと相手に伝わり、会話のキャッチボールがスムーズに行えるのだ。

また、緊張するとどうしても早口になってしまうという人は、話し出す前に心の中で「昔々、おじいさんとおばあさんがいました。おじいさんは山へ柴刈りに、おばあさんは川へ洗濯に行きました」と**10秒かけてつぶやいてみる**といい。

そうすれば、落ち着いたペースで話し出すことができるはずだ。

「スピーチ力」を上げるポイント

1　10 秒間に 50 文字、1 分間に 300 文字のペースで話す

2　文の最初と最後は、原稿から顔を上げてアイコンタクトをとる

3　口を横に広げて、滑舌よく話す

4　話の内容によって声の高さ（トーン）を変える

42

相手の理解度が格段にアップする「たとえ」のススメ

「この案件は課長マターね」

「ドラスティックなビフォー・アフターになるはずだよ」

同じ会社や業界で働いている人同士の会話の中には、このような日常会話では使われない独特の用語や略語が飛び交っていることが多い。

これらはいわゆる **〝業界用語〟** や **〝ビジネス用語〟** というもので、わかっている人にはひと言で話が通じて便利なのだが、わからない人が聞くとチンプンカンプンで意味をなさないように聞こえる。

冒頭の「この案件は課長マター」は「課長が担当の案件」、「ドラスティックなビフォー・アフター」は「徹底的で過激な使用前・使用後の変化」などという意味だが、こういう言い回しがクセになってしまうと、話し方はやたらに流暢なのに、何の話をしているのかさっぱりわからないという困った人になってしまう。

そうならないためには、どんな言葉でも**一般的でわかりやすい言い方に変えられるようにしておく**ことだ。

しかし、なかにはあまりにも専門的で、一般的な言い方に置き換えるのが難しい言葉もある。そんな場合には、**「たとえ」**を用意しておくといい。

たとえば、金属加工などの専門用語に「テーパー」という言葉がある。これは細長いものの端を円錐状に先細りに加工することだが、そのまま説明しても聞き手はイメージできない。

こういう場合には「つまり、釘の先端のような形です」などと置き換えて説明すれば、すんなりと理解してもらうことができるのだ。

相手に伝えることを意識せずに、使い慣れた言葉を連発していたら自分勝手な人という印象を与えるだけになる。

社会人たるもの、きちんと聞き手に配慮した話し方をしたいものである。

43

あえてしゃべらないことに意味を持たせる「間」の効用

大事な内容や必ず覚えておいてほしいことを伝える時は、**最後に繰り返し念押しする**と効果がある。

だが、大勢の人が集まっている会場では、どれだけ念押ししても聞いていない人が1人や2人はいるものだ。どうすれば、もれなく確実に伝えることができるのだろうか。

よく、「これから言うことは大事なことなので、みなさんよく聞いてください」などと前置きする人もいるが、なかには隣の人とのヒソヒソ話に夢中で、それすら聞いていない人もいる。

しかも、そういう人に限って、後から「聞いていない」などとクレームをつけてきたりするのだ。

だが、そんな人をも注目させることができるいい方法がある。それはわざと**沈黙して「間」をつくる**ことだ。

たとえば、コンテストなどの結果発表では、「それでは、いよいよ優勝者の発表です」と言った後、司会者はしばらく黙り込む。会場に響き渡るのはドラムロールだけだ。

その間は、誰もしゃべらず、誰も動かず、そこにいる全員がステージだけを一心に見つめていて次の言葉を待っている。

これと同じように、ここから**大事な部分だという手前で言葉をいったん切って、しばらく黙り込む**のだ。

すると、いったい何があったのかと発言者のほうに注目が集まり、会場は静まり返る。もちろんドラムロールは必要ない。

このタイミングを見計らって、「繰り返しになりますが、本当に大事なのでもう一度お伝えします」と切り出せば効果てき面だろう。

Step4

少し「言葉」を変えるだけで、伝わり方は180度変わる

44

助詞の使い方一つで他人の心を操縦するプロのやり方

「○○さんって、電話応対の時の話し方はいいですね」

突然、こんなふうに声をかけられたらうれしいという人もいるだろうが、なかには「えっ?! 電話の時だけ?」とか「ふだんはどうなのよ?」などと考える人もいるだろう。

このようにほめ言葉を素直に喜べない人が聞き捨てならないのは、「話し方はいい」の**「は」**の部分に反応してしまうからだ。

「は」と言われると、そこの一点のみが優れていて、他は劣っていると判断されているように感じてしまうのである。

そんなあまのじゃくな人に邪推されないためには、「は」と言いたいところを

「も」に変えるだけでいい。

「電話応対の時の話し方もいいですね」と言えば、そのほかにもたくさんいいところがあると思っていることを言外に匂わすことができる。

いわば「は」を使うのはふつうのほめ方で、**「も」を使うのはプロのほめ方**といえる。

たったこれだけで、ほめ言葉としての効果がとたんにアップするだけでなく、自分の放ったひと言によって人間関係を好転させることもできるのだ。

ただし、これはほめ言葉に限ったことで、部下に注意する時などに「も」を使うとかなり面倒なことになりかねない。

「敬語の使い方もよくないな」

「この書類も、もう少し工夫してみたらどうか」

と、こんなふうに「も」を使ってしまうと、あれもダメ、これもダメとダメ出しの連発のように聞こえてしまう。

ちょっとしたことだが、**助詞の使い方は細心の注意を払いたい。**

45 〝ボール球〟を投げて、場の空気を入れ替えるコツ

ブレーンストーミングは、集まったメンバーであるテーマについて自由闊達に意見を交わそうという場だ。

しかし、そうはいっても最初は緊張もあって何でもＯＫとはいかないだろう。場が温まるまでにはどうしても時間がかかってしまうものだ。

そんな緊張感を取り払うためには、まず率先して**くだらないジョークなどを飛ばしてみる**といい。

「それでは始めましょう。ここからの発言は無礼講ですからね。あ、でも○○さん、乾杯の音頭はいいですから」

などと、どうでもいいことを言ったあとに、**「なんちゃってね」と笑ってみる。**

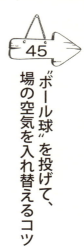

このひと言で、緊張していたはずのメンバーの肩の力は一気に抜けていき、楽しいブレストにすることができるはずだ。

ブレストを始めるにあたって、「忌憚のない意見をお願いします」なんてかしこまってしまうと、出てくるものも出てこなくなる。このくらいのほうが場は和むというものだ。

また、この「なんちゃってね」というのは、1人でアイデア出しをしていて**煮詰まった時にも使える**。

思考が煮詰まると、発想はどうしても同じような切り口ばかりになって視野も狭くなり、思考が堂々巡りしてしまうからだ。

そんな時には、いったん席を立って気分転換をしてみるといい。そして、こんなアイデアは絶対に通らないだろうというバカげたことを考えてみるのだ。

そして、「なんちゃってね」とつぶやいてみると、今まで固く閉じられていた**「思考の扉」が開いて風通しがよくなる**ような感じがする。

自分自身を和ませるためにも効果がある言葉なのである。

46 会議を前に動かしたいときは、過去の意見を掘り返す

同じテーマでの会議は、回を重ねるにしたがってマンネリ化してしまい、活発な意見交換もなくなってしまうことが多い。

しかし、積極的な意見が出ない会議ほどつまらないものはない。何を決めても前例を踏襲するだけでは何も改善されないし、何も生まれないのだ。

しかも参加している人の思考も停止しているので、時間のムダ遣いで終わってしまうことになる。そんなマンネリ化した会議を簡単に前へ動かすためには、**過去に出たアイデアや意見を掘り返してみる**といい。

じつは、会議を取り仕切るのがうまい人は、こんなふうにおもむろに切り出している。

「そういえば、この間、○○さんが面白いことを言ってましたよね」

このひと言で、「そういえば…」と参加者の思考がサッと働き出すのだ。

すると、それまで黙っていた人も「あれは、たしかこんな話だった」とか「あの時は、タイミングがよくなかったから却下されたんだ」などと発言が出始めてにぎやかな会議になっていくのだ。

いったんこのような雰囲気をつくってしまえば、発言するのに躊躇がなくなり、みんながわいわい話し始めて意見交換が活発になるのである。

すると、しだいに新しいアイデアにつながるような発言も飛び出してくるようになるのだ。

反対に会議を取り仕切るのが下手な人は、シーンとしているところに「何かご意見はありませんか？」などと真正面から聞いてしまい、ますます場の雰囲気を硬直させてしまったりする。

会議の目的は人が集まることではなく、意見を出し合い、話し合うことにある。生産性のある会議にするためには、ちょっとした言い方の工夫が必要なのだ。

47

伝える前から「話しベタ」を宣言するのはなぜダメか

他人と話をすることに極端に苦手意識を持っている人は意外と少なくない。「とっさに言葉が出てこない」「会話のキャッチボールを楽しめない」「そもそも自分自身に話題がない」など、その理由はさまざまだろうが、社会で生きている以上、コミュニケーションゼロで生きていくことは不可能に近い。

そういうときの対処法として、自分から**「私は話しベタのつまらない人間なんで…」と先に申告してしまう**という人もいるかもしれない。

概してうまくもないのに話し上手をアピールするよりは謙虚なイメージを持たれるし、その後の会話で場に妙な空気が流れたとしても、「話しベタなら、まあしょうがないか」と割り引いて評価してもらえると思っているのかもしれない。

会話のキャッチボールを楽しむために

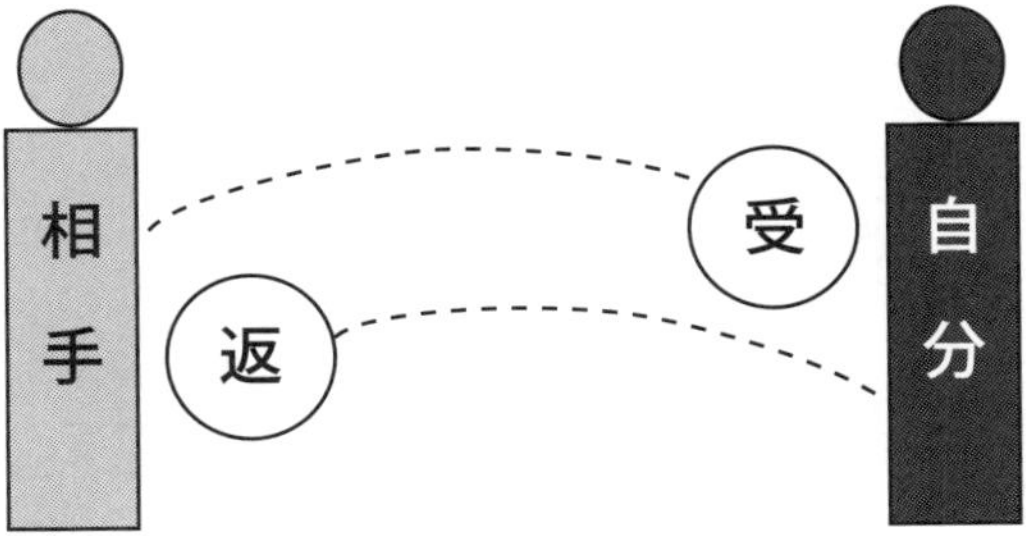

・話を投げられたら受けて返す

・口ベタでもコミュニケーションを図ろうとする気持ちを見せる

NG!

「自分はつまらない人間なんで…」
と最初に断ってしまうと、それ以上の関係を拒否しているようにとられてしまう可能性があるだが、よかれと思ってするこの**前置きはじつは逆効果**だ。その後の会話で変な雰囲気になるどころか、宣言した時点ですでに場の空気が冷えてしまうのである。

もしも、相手があなたに興味津々で、絶好のコミュニケーションの機会とばかりに会話を楽しみにしてくれていたとしよう。そこでいきなり「自分は話しベタのつまらない人間なんです」などと断られたら出鼻をくじかれてしまい、用意しておいた話題も引っ込めてしまうだろう。

もっといえば、「自分はつまらない人間」という告白は「それを克服してまで、あなたと親密になるつもりはありません」と関係を拒絶しているようなものだ。

どんなに話しベタでも、言葉足らずでも、**一所懸命コミュニケーションをとろうとする姿勢に対して人は好感を抱く**のである。

どうしても先に予防線を張りたければ、「つまらない人間」などと自虐的になるのではなく、「昔から話しベタだと言われるので、もし言葉が足りないようでしたら遠慮なくツッコんでください」と軽いノリで伝えてみよう。一気に場の雰囲気がほぐれて、つたないコミュニケーションでもうまくいくはずだ。

48

「どうも」の多用がコミュニケーションにとって危険なワケ

海外旅行に行けば、たとえ数日の滞在でもその国の言葉を話そうと努力するのが旅行者のマナーである。少なくとも挨拶やお礼の言葉くらいは覚えておけば現地でのウケもいい。

ここ数年、訪日外国人の数は右肩上がりだが、そんな海外からやってくる旅行客も、ガイドブックやコーディネーターのアドバイスを頼りにいくつかの日本語を覚えていたりする

「こんにちは」「ありがとう」「すみません」といった定番はもちろんだが、同じくらい必須だとされているのが、それらの言葉をひと言で置き換えることができる**「どうも」**というフレーズだそうだ。

思い返せば、誰でも職場やプライベート、電話などで1日に一度くらいは口にしているのではないだろうか。それほど「どうも」という言葉の汎用性が高いのは間違いない。

しかし、便利だからといって**多用しすぎるのは危険**である。この言葉は意外とTPOを選ぶのである。

久しぶりの友人に会って「やあ、どうもどうも！」などと使うのは問題ない。だが、仕事の取引先で「先日はどうも」「それはどうも」とやっては印象は悪い。

本来なら「先日は（どうも）ありがとうございました」「それは（どうも）すみませんでした」とするべきところを、おっくうがって端折った印象を受ける。

また、「どうも」はあくまでも口語なので、**メールにももちろん不向き**だ。気心の知れた友人に送るように、ビジネスメールでうっかり使ってしまうと無礼なイメージを与えてしまいかねない。

「どうも」というフレーズはたしかに使いやすいが、あくまで砕けたカジュアルな言い方だということを覚えておきたい。

49

答えに困ったときは「とりあえず」でとりあえずしのぐ

急に知人から「今度の週末、時間ある？」と聞かれたら、あなたはどのような反応をみせるだろうか。

相手が恋人や片思いの相手なら、どんな用件であれ会いたいという思いが勝って「時間あるよ」「暇だよ！」と答えるかもしれないが、相手によっては即答をためらうシチュエーションである。

ドライブや呑み会のお誘いならまだいいが、何か面倒な用事を頼まれたり、気の乗らないイベントにつき合わされるのかもしれない。できれば、その中身を先に聞いてから返事をしたいと思うのが本音だろう。

こんな時は時間があるかないかは明らかにせず、「うーん。とりあえず、なんで？」と返すのがいい。

「とりあえず」というフレーズは、答えを先送りにするような曖昧な印象を受ける言葉だが、だからこそ**困った時には積極的に使っていい**。

この「とりあえず」という言葉は「取るべきものも取らずに」からきており、「あとできちんと対応はするが、何はさておきいったん暫定的に対応する」という意味がある。

たとえば「とりあえず、言いたいことはわかりました」と言えば、「言いたいことは理解しましたが、その内容に同意するかどうかはまた別の話なので、考えさせてください」といったニュアンスになるのは誰でもわかる。

だから、週末に時間があるかどうかを訊ねてくる相手も、「とりあえず、なんで？」と返されれば、「その目的や内容しだいで、自分の時間をそこに割くかどうかを考えます」という**こちらの真意を読み取ってくれる**はずだ。

「時間あるよ」などと安易に返事をして、あとで「やっぱりごめん」とするほうがよほど印象は悪い。**曖昧な言葉は必ずしも不誠実ではない**のだ。

50
聞き役のときは「メモしてもいいですか？」が効く

仕事の打ち合わせや会議の場では、ペンと手帳を用意して大事なことは書き留めておくのが基本中の基本だ。逆に、何も持たずにただ座っているだけの人を見ると、「おいおい、メモしなくて大丈夫か？」と心配になってしまう。

ふだんの雑談などでメモを取ることはなかなかないが、たまに有益な情報を耳にしたりすると書き留めておきたいと思うこともある。

そんな時は、あえて**「メモしていい？」と口に出してみよう**。この行為には2つのメリットがある。

まずひとつは、相手に与える印象だ。たとえば耳寄りな雑学や美味しい店の情報、ちょっとしたいい話などを聞いたら、「メモしていい？」と**メモと手帳を取**

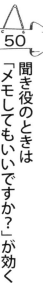

り出してみる。相手にしてみれば、自分の話をそうまでして聞いてくれるなんて悪い気はしないものだ。

そしてもうひとつは、自分の**「知識欲」の刺激**である。

耳から聞いただけの話は、どんなに記憶力がよくてもインパクトのある別の話題を耳にした際に上書きされてしまう可能性が高い。「そういえばとても有益な話を聞いたような気がするけど、肝心の中身を思い出せない」ということは誰にでも経験があるはずだ。

そうなればせっかくの情報も水の泡になる。「メモしていい?」と声に出すことで、その**情報を身につけようという意識がしっかり働く**のだ。

1人でいる時はさすがに「メモしていい?」と言うのはヘンだが、「メモしておこう」などと**独り言でもつぶやいたほうが効果はある**。

今ならスマホのメモ機能やアプリを利用するのも便利だし、音声で録音することも可能だ。

これもある意味、有言実行というわけである。

51

その「よろしく」が大きな誤解を招いている

まったく同じ言葉なのに、使い方しだいで意味が変わるものはいろいろある。だがその便利さゆえに、こちらの意図がきちんと受け手に伝わらないこともあるから要注意だ。

たとえば、**「よろしく」**という言葉もほとんどの人が深く考えずに使っているのではないだろうか。

そもそもこの言葉は、「悪くない」とか「適当」という意味を表す**「宜し」から派生した言葉**だ。

「今後ともご指導よろしくお願いします」という使い方では依頼のニュアンスが強くなるし、「奥様にもよろしくお伝えください」となれば、その相手への好意や敬意を表す意味になる。

また、別れ際やメールの最後を「よろしくお願いします」で締めくくる人も多いはずだ。この場合、「よろしく」には特に意味はなく、いってみれば挨拶代わりのようなものである。

しかし、この**使い方には危険が伴う**。

たとえば、お世話になっている人から無理難題を言いつけられた時、はっきり断れずにのらりくらりと会話をしたあとで、最後に「では、よろしくお願いします」と締めくくれば、相手は頼みごとを引き受けてもらえたのではないかと勘違いしかねない。

同じようにビジネスメールで取引先からの無理難題を拒絶する時も、「それは無理です」という明確な意思表示をせず、最後に「今後ともよろしくお願いします」などとつければ、何がよろしくなのかさっぱりわからなくなってしまう。

「なんとなくその前の内容で察してほしい」は通用しない。「よろしく」と言うからには、**何をどうよろしくなのかをハッキリと伝える**べきなのだ。

52 話題を変えたいときに使っていい言葉、いけない言葉

「メールは簡潔に」というのは、ビジネスマナーのひとつとしてご存じの方も多いだろう。

プライベートで友達に送るようにダラダラとまとまりのないメールは要点が定まらず、送られたほうも読みづらいだけだ。

とはいえ、連絡事項がいくつもある時はどうしても長くなってしまう。そんな時は、一つひとつ用件を書き連ねて、**「別件ですが」**とか**「また見積もりの件ですが」といった言葉でつないでいく**しかない。

それでもメールなら行間を空けるなどして内容が変わったことを示せるし、何より送信ボタンを押す前に推敲することもできるため、より伝わりやすいように

まとめることは容易だ。

では、実際の会話ではどうだろうか。

話の要点が複数にわたる場合、メールと同じようにつないでいくのが理想的だが、油断すると乱発しやすいのが**「あと」**という言葉である。

たとえば、友達同士の会話で「あとさ」「あとね」といって別の話に移るのはかまわない。

だが、これがビジネスやちょっとおカタいシチュエーションでの会話となると、**「あと」の連発は未熟で幼い印象**を受ける。

できれば、「それはそうと」「話は変わりますが」「お話を聞いて思い出したんですが」など、**「あと」以外の言葉で話題を変えたい**ところだ。

プレゼンのように、一方的に自分だけが話す場合には「今日のポイントは3点です」のように、あらかじめ伝えてしまうのもわかりやすいだろう。

いずれにしても、**「あと」を乱発しない**ためには、話の展開と着地点をある程度考えておくことが重要だ。

53 「そういう考え方もありますね」ならスムーズにNOが言える

話がヒートアップしてくると、とにかく他人に割り込ませないように勢いよく、間断なく、しかもなぜか若干キレ気味に自分の意見をしゃべり続ける人がいるものだ。

このような人を黙らせて、自分の発言のチャンスをつくるためにはどうすればいいだろうか。

なかなか発言ができないからと、「それは違うのではないですか！」と声を張り上げて無理矢理に反対意見を述べるのは角が立つし、あまりスマートでもない。

そこで、このような人の話をさりげなく遮りたかったら、**「そういう考え方もありますね」**という言い方をするといい。

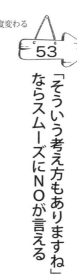

自分が意見をまくしたてている時に、「そういう考え方もありますね」と言われると、相手が自分の考えを理解してくれたのかなと感じて相手の言葉に耳を傾けようとする。

まくしたてるしゃべり方をする時というのは、周りはみんな敵だと思っているから、意表をついた発言が出てくると一瞬「アレ?」と思ってしまうのだ。

そこで、その**一瞬のスキを狙って「しかしながら…」と割って入る**。じつは、これこそがさりげなく**反対意見の口火を切るための鉄板ワード**なのだ。

このワードは、**同意とも不同意とも明言していないところがポイント**で、いきなり強く反論できない相手に対して口を出しやすい言い方なのだ。

ほかにも、

「そういうのもありですね」

「なるほど、そうですか」

なども、明確には同意も反対もしていないニュアンスがある。どの言葉で言えば相手がスキを見せるか、試してみるといいかもしれない。

54

「できない人」をアピールした方が得をする仕組み

相手に**「共感」**を示すことは、良好な人間関係を築くコツでもある。「まったく理解できない」と最初から取り合わない人よりも、「そうだよね」「わかるなあ」と言ってくれる人のほうが断然好かれるに決まっている。

共感は相手を安心させ、心を近づける効果がある。だから、相手の伝えたい内容がいまひとつわからなくても、ひとまず共感している姿勢を見せておくのは必ずしも悪いことではないのだ。

ところが、**わからないこととアピールすることが逆に功を奏する**場面もある。

それは誰かが得々と話を始めたケースだ。ここで即座に「そうそう、それ知ってる！」とやってはいけない。本人は共感を示したつもりでも、出鼻をくじかれた相手は不機嫌になることが多いからである。

自分が仕入れたネタを披露してやろうと意気込んでいるところへ水を差されて、気分がいい人はいないのだ。

たとえ知っていたとしても、こういう時は「知りませんでした」「博識だなあ」「よくご存じで」とトボけたほうがいい。

そのうえで、「ぜひ教えてほしい」「もっと聞きたい」と下手に出て教えを請うのである。

人は教えたがりの性質を持っている。しかも、自分のほうが相手より上に立っていると嬉しくなってしまう。相手が知らないことを教えるという行為には、こうした自尊心と優越感を満足させる効果があるのだ。

聞いている最中は、相づちを打ったり質問を挟んだりして興味がある姿勢を貫こう。そして、**最後には「勉強になりました」「ためになったなあ」とダメ押しして締めくくる。**自分の知らない情報、自分とは違うモノの見方に少しでも触れることができれば〝御の字〟だ。

Step5

「人間関係」を変える スゴい伝え方があった！

55 お詫びを伝えるときは〝先手必勝〟と心得る

夫婦でケンカになり、その晩は口もきかずに寝てしまった——。こんな時には翌朝も互いにムスッとしたままで、ぎくしゃくした空気が残るものだ。

しかし、この状態が長引けば長引くほど夫婦関係の修復は難しくなる。相手が謝ってくれれば、こっちも折れてやると思ってしまいがちだが、それはお互いさまである。

仲直りをしたいなら、朝起きて**開口一番に「悪かった」と謝ってしまう**ことだ。「そうよ、何もあんな言い方しなくたって」と、とんがった声が返ってくるかもしれないが、言い返してはさらに炎上必至だ。

何はさておき、ここはグッと我慢するに限る。「仕事が忙しくてイライラしてたんだ。ごめんね」といったように、詫びの姿勢を貫くのがベターだ。

人間には**「返報性の原理」**という心理がある。好意を示されれば好意を返したくなるし、悪意を投げつけられれば悪意で返そうとしたくなるのだ。しかも、悪口は褒め言葉に比べて2倍の返報性が働くという。夫婦ゲンカがエスカレートするのも当然である。

つまり、自分から積極的に態度を軟化させれば、相手も態度を変えたくなるわけだ。

ただし、その時にやってはいけない3カ条がある。

- **ふてくされた表情や態度をとりながら謝る。**
- **嫌味に感じられる言葉をつい挟んでしまう。**
- **無表情のままで謝る。**

こうした態度は、「いちおう謝ってはいるけれど、納得していないんだよ。本当はそっちが悪い」と面と向かって言っているにも等しい。これでは相手の怒りを鎮めるどころか、火に油を注ぐ結果になるだろう。先手必勝が円満の秘訣である。

56

良好な人間関係のためにストックしたいほめ言葉一覧

欧米人はささいなことでも大げさに、ジェスチャーを交えながら頻繁にほめる。

それに比べて日本人は元来の生真面目さもあってか、ほめ方の表現も控えめだ。

しかし、人間関係においてほめ言葉は重要なキーワードである。ほめられれば誰だって気分がよくなるし、ほめてくれた相手に対して好意を抱くようになるものだ。

おべっかを使って他人に取り入る打算的なヤツだと思われないだろうかなどという不安は棚に上げ、ほめまくったほうが良好な人間関係を築ける。

ただ、効果的な**ほめ方にはコツが必要**だ。

ほめる内容は何でもいいが、ほめ言葉のバリエーションは多いほうがいい。**同**

じほめ言葉が通用するのはせいぜい3〜4回までだ。それ以降は慣れてしまい、〝ほめられた感〟がどうしても薄れてしまうのである。

たとえば、イケメンであることを伝えたい時でも、「タレントの○○よりイケてる」とか「渋くて素敵」といった言い換えができるだろう。あるいは、「肌がツルツル」や「バリバリ仕事をこなす」のように擬音語を取り入れる方法もある。できれば、少なくとも**10種類以上のバリエーションはそろえておきたい**ものだ。

ところで、ここでちょっと気をつけたいのが、「よくやった」である。言われた側も悪い気はしないのだが、それよりも**「スゴイ！」「さすがだね」とほめたほうが効力はグンとアップ**する。

これらはほめる側の目線に違いがあるからだ。「よくやった」には上から目線のニュアンスが漂う一方、「スゴイ」や「さすが」は相手を持ち上げる表現である。ヨイショされれば誰でも嬉しくなるというわけだ。

ちなみに、言葉にするのが照れくさいなら文字を利用しよう。書類の片隅に「ＯＫ！」とか「パーフェクト！」と書くだけでも十分に持ち上げられる。

57 「仮定の話」に置き換えて、心理的ハードルを下げる方法

せっかく和やかなムードで話していたのに、プライベートや仕事について尋ねたとたん、相手の口が重くなることがある。

そんな時に「隠さないで教えろよ」と言わんばかりに食い下がるのは愚策だ。よけいにガードを硬くさせるばかりか、無神経なヤツだと思われて人間関係にもヒビが入りかねない。

相手が言葉を濁したり、ためらう様子をみせたら、その話題には触れてほしくないサインだ。ここは潔く撤退して話題を変えるのが大人のマナーである。

しかし、〝伏せた部分〟こそ聞きたかったのに…と諦めるのはまだ早い。前述したマナーに反するようだが、じつはこういう場面でも攻略できる方法がある。

質問のしかたにちょっと**ひねりを加える**のだ。

・もしかして
・たとえばの話なんですが
・仮の話だけど

こんなふうに仮定形で前置きしてから質問をするのである。

仮定の話という前提条件をつけられると、不思議と人は心のガードを緩めてしまう傾向がある。聞いている中身は同じでも、ストレートに突っ込まれた印象が薄まるためだ。

一種の誘導尋問ではあるのだが、あくまでも仮定だからとリラックスするせいか口も軽くなり、つい**本音や秘密をポロッとこぼしてしまう**のだ。

仮定型質問を使えば険悪なムードにならずに、知りたいことを聞き出せる可能性が高まるので覚えておくといい。

58

ネガティブ・フレーズで恐怖心を刺激する禁断のやり方

ポジティブな言葉とネガティブな言葉では、いうまでもなくポジティブなほうが好まれる。耳に心地よいだけでなく、相手はそこにメリットを感じとるからだ。そのおかげで、こちらの話を受け入れようという気分になりやすい。

「今度のテストで90点以上取ったら、ゲームソフトを買ってあげる」と言われた子どもが張り切って勉強するのと同じ理屈である。

このようにポジティブな言葉は、「人を動かす力」を持っている。くどいようだが、説得したい時にはポジティブ・フレーズを使えと言われるのはそのためだ。

ところが、じつは**ネガティブな言葉でも人を動かす**ことができる。しかも、ネガティブのほうがより大きなインパクトを与えられるのだ。

たとえば、次のような2つの文があったとする。

「健康のために運動をしましょう」

「運動をしない人が生活習慣病にかかる確率は○％上がり、寿命は×年縮まる」

危機感を覚え、運動を始めたくなるのは後者ではないだろうか。

ネガティブ・フレーズには恐怖を煽る働きがある。人は恐怖を感じると、自然と恐怖の原因を取り除こうとする行動に走ってしまうのだ。

もちろん、何もあからさまな脅し文句でなくてもかまわない。毎日、呑んだくれて帰ってくる夫に、「お酒を控えて」と言ってもなかなか聞いてもらえないだろう。そんな時には、「○○さんのご主人、肝臓を壊して急に入院しちゃったんですって。毎晩、遅くまで飲み歩いていたらしいわ」などと、**ほのめかす程度でも十分に〝脅し効果〟がある。**

ただし、**ネガティブ・フレーズは諸刃の剣**でもある。頻繁に口にすると利き目は確実に下がるので、ここぞという時だけに使うことが肝心だ。さらに、不安を解消する方法をプラスしておくと、相手も安心して耳を傾けてくれるだろう。

59 相手の耳にしっかり届く「批判」の正しい伝え方

ほめることと、批判や叱責は、どちらもさじ加減がむずかしい。叱りっぱなしだとやる気をなくすし、かといってほめておだてれば人はつけ上がる。

どうしても批判を口にしたり注意しなければならない時の効果的な方法として知られているのが**「サンドイッチ法」**だ。

ほめる↓批判する↓ほめる

このようにほめ言葉の間に批判を挟み込むのである。すると、相手は気分を害することなく、批判や苦言にも素直に耳を傾けるようになる。いわば、ほめ伸ばしのテクニックだ。

ところが、現実はそう単純でもない。自分のイメージを下げないという点にお

指導や批判をする時は「サンドイッチ法」で

ほめる → 指導や批判 → ほめる

OK！ いいね！ → でも、少し時間がかかりすぎだ → その強気は大切にしていこう

いつもがんばっているね → でも、これはもう少し丁寧にやってほしかった → 期待しているから

いつもありがとう → ただ、今回のこの資料、かなりミスが多かった → 落ちついていこう

いてはサンドイッチ法はとても有効だが、批判がきちんと伝わっているどうかは微妙なのだ。

批判とほめ言葉では、当たり前だがほめ言葉のほうが断然心地よく耳に入る。そのため、批判は適当に聞き流してしまい、あとに残るのはほめられた感覚だけというケースが多い。

つまり、**批判とほめ言葉は分けたほうが、しっかりと相手の耳に届く**のである。

ただし、批判をする際にやってはいけないことがある。

- **相手の人格を否定する**
- **相手の言い分に聞く耳を持たない**
- **改善点など建設的な意見が含まれていない**

「ばかやろう!」「~しないとクビだ!」「何でこんなこともできないんだ!」などと、頭ごなしに怒鳴りつけるのはもってのほかだ。感情的になっても、けっしていい結果は生まれない。冷静に今置かれている現状や原因を把握し、効果的な解決策を見出すことが正しい批判の姿勢である。

60

主語をYouからIに変えると、人間関係の歯車がまわり出す

人が抱く喜怒哀楽のうち、最も強い感情は怒りだという。いったん火がつくと一気に燃え上がり、自分でもコントロールが利かなくなるから厄介だ。

いざ喧嘩となれば、この負のエネルギーである怒りがぶつかり合う。売り言葉に買い言葉でどんどんエスカレートしていき、互いに引くに引けないという悪循環に陥ることになる。

もちろん、言いたいことはきちんと言うべきである。だが、最初からケンカ腰では問題の解決を遠ざけるばかりか、いっそう不平不満を増大させる結果にしかならない。

ここはいったん火がついたケンカをサクッと終わらせるのが先決だ。そのため

には、**「YOUコミュニケーション」から「Iコミュニケーション」へと転換す**れぱいい。

ケンカをしている最中は、たいてい「あなたは話を聞かない」「君は文句を言ってばかりだ」といったように、**「YOU（相手）」が主語**になっているはずだ。

この言い方は相手の非を責めるニュアンスが強い。攻撃されたら反撃したくなるのが人情で、かえって反発を招いてしまうのだ。

では、前述したフレーズの主語を**「I（自分）」に変える**とどうなるか。

「あなたは話を聞かない」↓「私はもっと話を聞いてほしいと思っている」

「君は文句を言ってばかりだ」↓「僕は君の言葉で傷ついたんだ」

こんなふうにすると攻撃色が弱まり、なおかつ自分の気持ちをしっかり伝えられる。このように自分を主語にした表現を**「アサーショントーク」**と呼ぶ。

ただし、何でもかんでも「俺が俺が」と自己主張する人をアサーショントークの達人とはいわない。あくまでも一方的に非難することなく、**冷静に自分の状況や感情を伝える**手段がアサーショントークなのである。

61

感謝の気持ちを言葉で伝えるちょっとしたコツ

以心伝心とは、言葉を交わさなくても互いの思いが通じ合うことを指す言葉だ。実際、円熟した夫婦ともなれば、「おい、あれどこにやった？」と聞くだけで、「その棚に置いてありますよ」なんていう答えが返ってきたりもする。

日本では、言葉にしなくても察してくれよという風潮があることはたしかだ。とはいえ、人間関係においては実際に口に出して伝えたほうが絶対に得をする言葉もある。それは**「ありがとう」**だ。ポイントは、たった2つだ。

・はっきりと声に出す

・大げさなくらいに感謝の気持ちを表す

お茶を淹れてくれてありがとう、荷物を持ってくれてありがとう、いつも笑顔でいてくれてありがとう…。「ありがとう」を言う場面はいくらでもある。いちいち口に出すのは照れくさいし、そのくらいわかってくれるはずだと思うかもしれないが、その考えは甘い。

人間の記憶はおもしろいもので、自分が人にしてあげたことはよく覚えている反面、人からしてもらったことはせいぜい半分程度しか覚えていないという。そのため、私はこんなにもいろいろやってあげているのに報われないと感じてしまうわけだ。

だからこそ、**「ありがとう」の回数は多いに越したことはない**のである。感謝したことをしっかり記憶に残すには、オーバーかなと思うくらいでちょうどいい。

ところで、「ありがとう」の代わりに、「申し訳ありません」「すみません」を使う人もいる。本人は感謝の意を込めているのだろうが、これらは謝罪を表す言葉である。そこは、ストレートに「ありがとう」と言ったほうが気持ちは断然伝わりやすいだろう。

たった5文字で人間関係がよくなるのだから使わない手はない。

62

相手の反応が面白いほど変わる！話の組み立て方①

ものごとにはいいところもあれば、悪いところもある。プラスの面のみを伝えるやり方を**「片面提示」**、プラスもマイナスも併せて示すやり方を**「両面提示」**という。

どちらの方法が有効かは、互いの立場や相手の理解度などによって違ってくる。とはいえ、片面提示はあとでマイナス面を知った場合に、「話が違う！」といったトラブルになりかねない危険性をはらんでいる。

一般的には両面提示をしたほうが信頼は得やすいようだ。ただし、話の順番は間違えてはいけない。マイナス情報からプラス情報へというのが基本。そうすることで情報の信頼度が増すはずだ。

・彼は理知的で、資産家で見た目もいいが、ちょっと攻撃的なところがある。
・彼はちょっと攻撃的なところがあるが、理知的で資産家で、見た目もいい。

2つとも言っている内容はまったく同じにもかかわらず、彼に対する印象は後者のほうがいいだろう。このように**提示する順番は、聞き手に与えるイメージを大きく左右する**のだ。

最初に与えられた情報がその後に影響を及ぼすことを**「初頭効果」**と呼ぶ。反対に、最後のほうで示された情報が最も強く残ることを**「親近効果」**という。人の心は最後の言葉に影響を受けやすいのである。

したがって、話の流れとしては、

マイナス情報→プラス情報

これが鉄則だ。

楽しかった気持ちと疲れた気持ちの両方を抱いているなら、「疲れた」が先で「楽しかった」をあとにする。すると、相手には楽しかったというプラス情報がインプットされ、人間関係も自動的によくなっていくのである。

63

相手の反応が面白いほど変わる！話の組み立て方②

コミュニケーションの基本として、よく「相手のことを考えて話しましょう」という言葉を耳にする。どうも相手の反応が今ひとつで、自分は話し下手だと悩んでいる人は、この意味を取り違えている可能性がある。

ここは自分本位に考えるのではなく、相手の立場に立って考えることが大事なのだ。

雑誌を例にとるとわかりやすいだろう。雑誌は読者層に合わせた本文の内容やイラスト、広告で構成されている。男性誌に女性用化粧品の広告が入らないのは、読者と商品がかけ離れているからだ。

コミュニケーションでも、**相手に応じたチョイスが必要**である。

・相手はどんな立場の人か
・どれくらいの知識や情報を持っているのか
・性別や年齢は？

同じテーマについて話すにしても、こういった相手の状況によって焦点の当て方や事例、使う言葉などが変わってくる。**相手を「主体」として選んだ話題を提供できれば**、話に乗ってきやすいのである。

それからもうひとつ、**答えを絞りすぎた質問をしていないか**どうかも注意したい。

たとえば、旅行好きの人に「いろいろなところに行ったんでしょうねえ」と尋ねたなら、先方としては自分の好きなように答えてもいいので気軽に返事ができる。しかし、「今まで行ったなかで、最も印象深かったのはどこですか？」となると考え込んでしまい、会話が途切れることがある。

つまり、**自由に答えられる余地を残したほうが会話は弾む**ことになる。答えやすい質問をするのも、相手のことを考える要素のひとつだといえるだろう。

64

雑談から本題へ…話の流れをスムーズにつくる技術

雑談は単なるおしゃべりで、時間のムダだと侮っていないだろうか。しかし、**雑談のスキルが高いほど人間関係は円滑になる**のだ。

人間は身体・感情・知性のそれぞれにバイオリズムがあり、周期的によくなったり悪くなったりを繰り返している。低迷期に当たれば、楽しい話題でも話は弾まなくなるのがいい例だ。

心配ごとやほかに気がかりなことがある場合も同様だ。

そんな相手が話に乗ってこない時は、さっさと切り上げるのが正しい。

「承知しました。改めてご連絡します」

「急いでいるので、あまり時間がとれなくて」

「今日はありがとう。○○さんによろしく伝えて」

こんなフレーズが出たら、**切り上げ時のサイン**である。

また、黙っていても**感情はしぐさに表れる。**

たとえば、チラチラ時計を見て時間を気にしたり、足を小刻みに動かしたり、ソワソワと落ち着きがなさそうな態度をとることもそうだ。あるいは、目が泳ぐ、指で唇に触る、筆記用具でコツコツとテーブルを叩くといった行為が出現したら「あなたの話はこれ以上聞きたくない」という意思表示だ。

逆に自分が話を切り上げたい場合は、前述したセリフを使えばいい。ストレートに言えば角が立つものの、**やんわりした拒絶なら不快感を与えずに済む。**

ただし、しぐさには要注意だ。こちらの真意を察して早々に切り上げてくれればいいが、「熱心に話しているのに、上の空で聞いているとは失礼だ」と憤慨する人もいるかもしれない。

不愉快な印象を残さないためにはもじもじしたり我慢をしないで、**ひと言だけ告げてさっと席を立ったほうがスマート**だといえる。

上手な会話の切り上げテクニック

●その場で話がまとまりそうにない時

「じっくりと考えてみたいので、少し
お時間をいただけますか？」

●次の予定に遅れそうな時

「今日のお話は課題として持ち帰らせて
いただき、社で協議いたします」

●時間に余裕がない時

「あとでお時間をいただいても
よろしいですか？」

「改めてご連絡させてください」

65 後回しにされる人とすぐ話を聞いてもらえる人の違いとは？

急ぎの用件を伝えたいのに、話しかけても「あとにして」と言われることがある。そこで無理矢理割り込もうとすれば、相手はイライラしてよけいに話を聞いてもらえなくなるのだろう。

しかし、次の2点を押さえるだけで後回しにされる確率はぐっと減る。

一つ目は、タイミングである。

話を聞いてもらえない一因として間の悪さがあげられる。

忙しかったり何かに集中している時は、誰だって邪魔をされたくない。ここで声をかけられたら、うるさいと感じるだけだろう。一方、トイレに立って用を済ませたあとや、ひと息入れている時なら気持ちにもゆとりができる。

後者のように相手の**心に余裕がある瞬間を狙って話しかけると**、耳を傾けてもらいやすくなるのだ。

二つ目は、**話の切り出し方**である。

「ちょっとよろしいですか？」とか「ちょっと話があるんだけど」と切り出すパターンは多い。

だが、これではどの程度の時間をとられるのかわからず、「今は時間がないから」と断られてしまう可能性が高い。話の重要性や緊急性もまったく伝わらないし、かといってことの次第を頭から話していくのもNGだ。

ここは**何の話なのか、どういう目的なのかを真っ先にかつ明確に告げる**べきである。「～の件について相談したい」「今日中に決定しなければいけないことがある」「3分で済む」「1点だけ確認させて」のように具体的に切り出せば、それだけで相手の心構えが変わってくるはずだ。

話しかける的確なタイミングと切り出し方のスキルを身につければ、貴重な時間を割いてもらえる率が高まるのである。

66 「つかみ」と「オチ」で失敗しない伝え方

話し上手な人は、話し始めたそばから聞き手の心を引きつけるものだ。売れっ子の芸人ではないけれども、彼らはいわゆる**「つかみ」**がウマいのである。

このつかみ、**勝負は最初の15秒で決まる。**だいたいテレビのコマーシャル１本程度の短さだ。

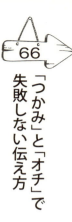

もちろん、スピーチやプレゼンが15秒で終わるケースはほとんどなく、実際はもっと時間がある。ただ、15秒で興味を引かせることができれば、続きも熱心に聞いてもらえるのだ。だんだん盛り上げていこうと作戦を立てても、つかみに失敗したら結論にたどり着く前に聞く方は飽き飽きしてしまうだろう。

つかみといっても、おもしろい話やウケを狙う必要はない。ここで述べる内容は、自分が最も言いたいことだ。

そこで、制限時間の15秒で上手に伝えるためには、次の3つに気をつけたい。

・言いたい内容が簡潔にまとまっている

・わかりやすい言葉を使う

・相手が関心を持つであろうメリットを明確に示す

いうまでもなく、だらだらと話していたら時間切れになる。たった15秒で話すなんて無理だと思うのであれば、ストップウォッチを使って練習し、時間の感覚を身体に覚えさせてしまうといい。

ちなみに、この15秒ルールはＮＨＫのニュースでも取り入れられている。1分間のニュースのうち冒頭の15秒はリードと呼ばれ、5Ｗ1Ｈを盛り込んで〝まとめの結論〟をまず伝えるそうだ。一方、民放は結論から入らないことが多い。これは視聴者に期待を持たせ、ワクワク感を高めるためらしい。

どちらを選ぶかはケースバイケースだが、一般の人が話す場合は**肝心な情報から入ったほうが聞き手の心をつかみやすい**といえるだろう。

67 「だが」「しかし」…逆接の接続詞の落とし穴とは？

意見を述べる際は、内容をよりわかりやすくするために接続語を上手に使うといい。接続詞がひとつ入ることによって、その後に続く話の流れが明確になるからだ。

このように論理的に話を組み立てるうえで接続詞はたいへん役に立つのだが、会話の中ではタブーとされるものがある。それは**「だって」「でも」「しかし」「だが」**といった逆説の接続詞だ。

これらに続くのは、先に出た意見に対する批判や否定である。あるいは、自分を正当化したい時にもよく使うが、いずれにしろこれらの接続詞は相手に不快感しか与えず、コミュニケーションを一瞬でぶち壊してしまうのだ。

もっとも、いかなる時もイエスマンになれというわけではない。人それぞれ異なる意見を持っているのは当然で、それを主張したい場面もあるだろう。

しかし、**逆説の接続詞を使わなくても反論はできる**。「今の話から思いついたのですが」とか「なるほどね。それでちょっと質問があるんだけど」といった具合に**言い換えてしまえばいい**のだ。

その時に注意したいのが、いきなり反対意見から入らない、相手の意見をプラスに転化していくような言い方をすることだ。

人は頭から否定されるとムッとする。だが、いったん自分の意見が受け入れられたと感じると、相手の言葉も聞き入れる心境になるのである。

接続詞に限らず、**否定的な表現は相手を不愉快にさせてそれまでの会話を途切れさせてしまう**ことが少なくない。「そうは思わない」「どうでもいい」「意味がない」「そういう問題じゃない」なども気をつけたいフレーズである。

逆説の接続詞は、人間関係まで〝逆説〟にしかねない。うっかり地雷を踏まないよう、**自分の口癖をチェックしてみる**といいだろう。

68

面倒な頼みも聞いてもらえるマジック・フレーズ

次の3つの言い方をされた場合、最も聞き入れやすいのはどれだろうか。

1「掃除をしなさい」

2「掃除をしてください」

3「一緒に掃除をしよう」

もちろん、答えは3である。

「一緒に〜しよう」は、人を動かすマジック・フレーズだ。この言い方は一体感や連帯感、あるいは仲間意識を強く感じさせる。人は仲間と一緒に行動することが本能的に好きな生き物なので、すんなりその言葉に従ってしまうのだ。

命令調には強い威力がありそうにみえるものの、高圧的で押しつけがましい物

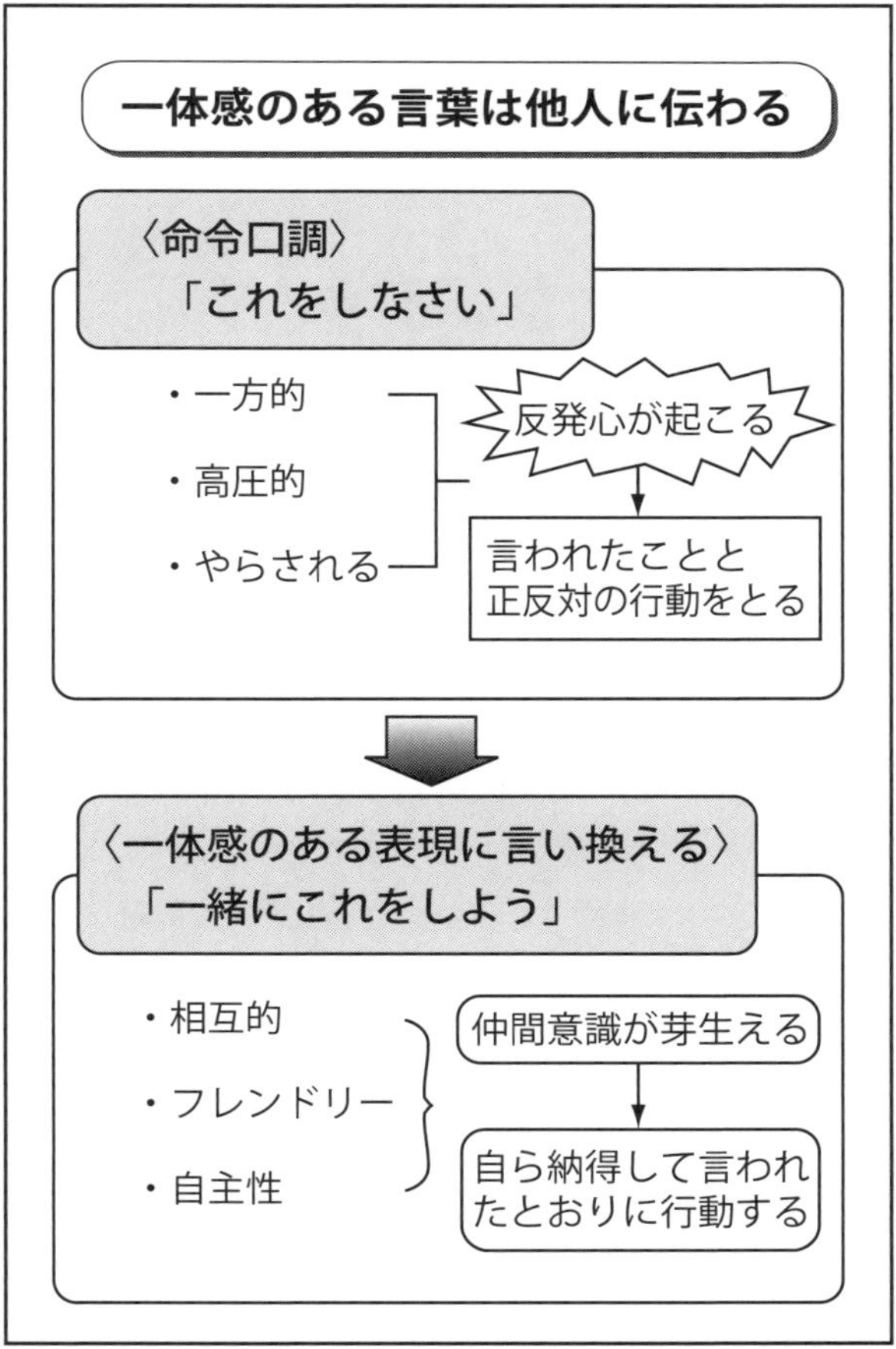
一体感のある言葉は他人に伝わる
〈命令口調〉
「これをしなさい」
・一方的
・高圧的
・やらされる
反発心が起こる
言われたことと正反対の行動をとる
〈一体感のある表現に言い換える〉
「一緒にこれをしよう」
・相互的
・フレンドリー
・自主性
仲間意識が芽生える
自ら納得して言われたとおりに行動する

言いは逆に反発を招く。しぶしぶ従ったとしても心の中には不満が渦巻き、人間関係にしこりを残すだけだろう。

とりわけ子どもに対してはつい命令口調になってしまいがちだが、ここは気をつけたい。あれをしろこれをしろと親が口やかましいと、子どもはかえって正反対の行動をとるようになる。心理学で**「ブーメラン効果」**と呼ぶ心理作用だ。

したがって、何か頼みごとをしたいなら強い口調で命令するより、「一緒に～しよう」とソフトに攻めたほうが効果抜群なのである。

ところで、この方法は**「禁止」にも応用できる**。

「部屋を散らかすな」といった禁止表現を「部屋をきれいに片づけよう」に言い換えるだけで相手も受け入れやすくなる。

これを巧みにやってのけたのが、2013年にサッカーのワールドカップ出場を決めた時の**DJポリス**だ。交通ルールを守ってほしいというメッセージに「おまわりさんもチームメイトです。チームメイトの言葉に耳を傾けてください」とつけ加えて一体感を醸し出し、みごとに群衆をコントロールしたのである。

69 「名前を呼びかける」ことがもたらす心理効果の謎

名前を正しく覚えることはコミュニケーションの基本だ。自分に置き換えてみればわかると思うが、名前を忘れたり間違えられたりすると気分がよくないものである。なぜなら、この人は自分を軽んじていると感じてしまうからだ。たかが名前と侮ってはいけない。人の名前は人間関係を左右する強力なコミュニケーション・ツールのひとつなのだ。

だからもっと親密になりたいなら、**頻繁に相手の名前を呼ぶ**といい。そんな単純なことで人の心が動くかと疑うかもしれないが、これは「**社会的報酬**」と呼ばれる心理を突いたテクニックなのである。

名前を呼ぶ行為は、「あなたを認めています、大切に思っています」というメッセージを伝えているに等しい。そして、自分を大切に扱ってくれる人には好感を抱くようになるわけだ。

ビジネスシーンでも「御社」や「部長」などと言うより、「○○さん」と**名前で呼びかけたほうが親密度はアップする。**また、メールでは「お世話になっております」と書き出すことが多いものだが、「こんにちは、○○さん」と名前を入れた一文をプラスしておくだけで効果がある。

ただ、メールの宛名にはちょっとしたコツがある。

出会って間もないうちは名字だけでなく、フルネームを書くことが望ましい。フルネームのほうが礼儀正しく、相手を大切に扱っている印象が強まるのだ。

もっとも、ずっとフルネームではよそよそしい感じがあるので、親しくなってきたら名字だけにしてかまわない。とはいえ、**ビジネスメールの場合は少なくとも2〜3回目まではフルネームを続けよう。**

誰でも自分の名前には愛着がある。そのせいか、名前を呼びかけてくれる人にも愛着が湧いてしまうのである。

70

「好意は言葉にしてこそ意味を持つ」の真意とは？

言葉と人間関係は比例しているといっても過言ではない。ネガティブな言葉を使うほど、人間関係もネガティブな方向へ転がっていくし、逆に、ポジティブな言葉を積極的に使えば、人間関係もポジティブに発展していくのだ。たとえば、

・楽しい
・嬉しい
・好き

ポジティブ・ワードの代表ともいえるこの3つは、より積極的に口にすべきである。どれだけ強く胸の中で思っていても、言わなければ伝わらない。たとえ心中を察している相手にだって、具体的に言葉にされれば喜びは倍増するものだ。

口に出すのが照れくさいなら、メールを使うといい。

デートの後に「今日は一緒に過ごせて本当に楽しかった」「君の笑顔を見られて嬉しかった」など、メッセージを送ってみよう。すると、自分の気持ちが確実に相手に伝わり、また次も会いたいという気分をかき立てられるはずである。

いまやあらゆるシーンで欠かせないメールだが、じつはロマンチックな**恋心を伝える時には非常に便利なツール**でもある。

対面とは違い、文字だけのメールは自分なりに勝手な想像を膨らませやすい。メールの内容がいい場合はよりよく、悪い場合はより悪く感じるのだ。だから、「好き」のひと言が、「あなたを海よりも深く山よりも高く愛している！」「一緒にいられて世界一幸せ！」とバージョンアップして読めてしまうわけだ。

これは恋愛ばかりでなく、**ビジネスでも有効**である。面会したあとはもちろん、会う前に「お会いできるのが楽しみです」といった内容のメールを送っておくと、最初から好印象を持って接してくれるはずだ。

自分に向かって好意を示した相手を人は嫌いにはなれないのである。

Step6

そういう伝え方だけは、やってはいけない！

71
論理的に話すことでかえって失敗するケース

取引先への報告など、仕事ではどうしても論理的な会話が求められるものだ。感情的に思いつくままに口にしていては要領を得ず、的確に物事を伝えられない。「もっと論理的に話せ」と上司から注意を受けたことがある人もいるだろう。

しかし、**ビジネスシーンでは重宝される論理的な話し方も、日常的な会話や雑談にはあまり向いていない。**特に、感動を伝えたい時にこんな話し方では、相手の心を揺さぶることはできないのだ。

たとえば映画の感動を伝えたい時、どちらの話し方がいいだろうか。

A「すごくいい映画だったよ。２人が別れるシーンはリアルで人目をはばからずに号泣しちゃうし、なんといってもあの衝撃のラストシーン！　驚きの大どんでん返しにめちゃくちゃ度肝を抜かれるよ」

B「この映画がいい理由はふたつ。ひとつ目は2人が別れるシーンでの俳優の演技力が秀逸で泣けるし、ふたつ目は脚本がよく出来ていてラストまで結末がまったくわからないところだよ」

AもBもいい映画であることは伝わってくるが、より感動や興奮が伝わってくるのはAのほうだろう。これは、**Aは感情をそのままストレートに表現し、Bは感動する理由を論理的に説明**しているからだ。

感動したり、好き嫌いを感じたりといった人の本能行動を支配するのは潜在意識なのだが、この**潜在意識には感覚的で感情的な話し方のほうが響く**のである。

一方で、論理的な話し方は仕事などで人の理性や意識に働きかけるのには有効だが、感動や共感を呼びにくい特性がある。

ちなみに、仲間内で盛り上がっている最中に「この話の結論は、つまりこういうことだよね」なんて論理的な話し方をすれば、理屈っぽい人だという印象を与えてしまう。総スカンを喰らうこともあるから気をつけよう。

72 無意味な論戦を避けるには「人格を責めず、行為を責める」

そんなつもりではなかったのに、ささいなことが原因でなぜかケンカになってしまったという経験はないだろうか。

こういう時、互いの言い方を振り返ってみると、ケンカの発端が見えてくることがある。

ささいなことでケンカに発展してしまうのは、どちらか一方が意識せずに**「売り言葉」**を口にしている場合が少なくない。厄介なのは「ぶんなぐるぞ、コノヤロー！」のように明らかな売り言葉ではなく、自分でもそれが売り言葉だとは認識せずについ使ってしまったケースが多いことだ。

そんな結果的に売り言葉になっている代表的な例としては、〝**非難**〟や〝**侮蔑**〟

を含む言い方がある。

たとえば、夫婦の間で「どうして洗濯物を取り込んでおいてくれなかったのよ！　まったくあなたは自己中心的で周りが見えてないんだから！」なんていうのは非難と侮蔑を含む典型的な売り言葉である。

こう言われてしまうと夫もカチンときて「そういう君だって無責任じゃないか！　すぐに怒るその短気な性格をなんとかしろよ！」と買い言葉で受けてしまう。ささいなことがきっかけで、収拾のつかないケンカに発展してしまうのだ。

非難や侮蔑的な言い方がケンカの原因になるのは、相手の**人格までも否定したり中傷する**からである。誰だって人格を攻撃されれば傷つくし、自己防衛本能が働いて過度に言い返したり自己弁護をしたりするようになる。

だから、相手に不満がある時には人格を責めるのではなく、その人の〝**行動**〟**への不満を伝える**ことだ。

「洗濯物を取り込んでおいてくれたら助かったんだけどな」と言い換えることで、相手も申し訳なかったなと感じてケンカにまで至らないはずである。

73 最初に話すといいのは、見たこと？　聞いたこと？

説明や報告をするのが苦手という人がいる。うまく話をしようとするあまり、逆に支離滅裂になって伝わらなくなるのである。

こういう**説明下手な人に共通するのは、「結論が不明確」**ということだ。しかも、説明する人自身がそのトピックについて明確な結論を出していないことも多く、結論に導くための説明や報告がうまくできないのである。

たとえば、「会場の視察に行ってきたんですがA会場は広くて、Bはそれほど広くありません。Aは300人くらい収容できて、Bは100人くらいということでした。会場の担当者からはこの規模の集まりだとBでもいいんじゃないと言われたんですが、Bだと入りきらない可能性もあります」という報告がそうだ。

だらだらと説明しているわりには、「それで結局、何が言いたいの？」「A会場とB会場のどちらがいいってこと？」と、聞いているほうにとっては判断のしようがないだろう。

また、こういう人がやってしまいがちなのが、**「時系列」**に説明や報告をしようとすることである。冒頭の例もそうだが、見たこと（会場の広さ）、聞いたこと（収容人数）、言われたこと（担当者の意見）をただ時系列に並べて報告しているだけだ。これだと聞いている人は要領を得ないばかりか、イライラが募るだけだ。

この場合、相手が**説明してほしいのは「A会場かB会場かどちらがいいか」**と**「その理由」だけ**である。だから、その点にポイントをしぼり、**結論を明確にして話す**ようにすればいいのである。

「視察の結果として、B会場がいいと思いました。Bは100人収容なので入りきらない可能性がありますが、会場の担当者もこの規模ならBで十分だという話でした。A会場だと広すぎる印象があります」と説明すればわかりやすいだろう。

74

周囲から人が逃げていく、言ってはいけないタブー語

仕事でもプライベートでも毎日が多忙で慌ただしい人は、**「忙しい」「時間がない」**が口グセになっていないか、一度自分を振り返ってみてほしい。

これらの言葉は人間関係に悪影響を及ぼしかねないどころか、自分の人格も下げることにもなる。

なぜなら、そうした口グセのある人には、周囲の人たちは遠慮して気軽に話しかけられなくなるからだ。

「忙しい時に時間を取らせるのは申し訳ない」と思ってたわいない雑談はもちろん、飲み会や遊びにも声をかけられなくなり、いつの間にか周囲の人間関係から取り残されていることもある。

また、この2つの**「禁句」を連発する人は〝要領が悪い人〟**という印象を与えてしまううえ、実際、行動や時間の使い方にムダがある人が多い。

その点、本当に仕事ができる人は時間の配分がうまい。どんなに忙しくても効率よく仕事をこなして、空いた時間を有効に活用していく。時間にも精神的にも余裕があるように見えるので、周囲もその人とさらにコミュニケーションを取りたいとか、仕事を任せたいと思うのだ。

こういう人は、**時間はつくるもの**だと考えているから、けっして「時間がない」とは言わない。誘われたり仕事を頼まれたりした時も、

「この日なら時間をつくれるよ」

「この期間は難しいけど、それが過ぎれば余裕があるから引き受けるよ」

などと対応している。

「忙しい」「時間がない」ではなく、**時間の配分を意識した言い方に変える**だけで人間関係もぐっと良好になり、周囲からの信頼や評価も格段に上がるようになるはずだ。

75 相手との距離が一気に縮む
〝鉄板ネタ〟〝NGネタ〟

雑談をしている最中にその場をもっと和やかにしたい、それほど親しくない相手との距離をグッと縮めたい、といった時に役に立つのが**〝家族ネタ〟**である。

お互いの子供の年齢が近ければ「うちの子がこのテレビ番組にはまっていて」→「うちの子もその番組好きですよ！」と共通の話題も多いし、「この前、妻にこんなことで怒られちゃって」→「僕もよくそれで口ゲンカになりますよ」などと、夫や妻を軽くグチることで盛り上がることもできる。

親近感を呼んで相手の心を開きやすいのが家族ネタの最大の長所だが、ひとつ注意しておきたいことがある。それは、**〝幸福ネタ〟は絶対に避けるよう**にするということだ。

初対面の人とは避けたほうがいい話題

家族自慢

自分の家族の幸福ネタだけでなく、相手のプライベートを根掘り葉掘り聞くのもＮＧ

見た目

「○○に似ている」など、容姿の良し悪しにつながる話題は避けたほうがいい

自分の趣味

相手がどんなことに興味を持っているか知らないうちから自分の趣味を熱く語らない

お金

お金に対する価値感は人によってかなり異なるし、いきなりお金の話題を持ち出すのはデリカシーに欠ける

というのも、聞いているほうにしてみれば**「幸福ネタ＝ただの自慢話」**に過ぎず、他人の自慢話ほど面白くない話はないからである。

「息子が難関の大学に合格したので、ご褒美に家族でハワイに行きました」とか「夫が結婚記念日に指輪をプレゼントしてくれて」と切り出せば、相手は「優秀な息子さんね」とか「優しいダンナ様ね」と表面では話を合わせてくれるだろうが、心中では「自慢話ばかりでイヤになる」と直感的に感じている可能性が高い。

しかも、子供や夫婦関係で悩んでいる人に向かって聞かせれば、あてつけにしかとらえない。家族ネタを披露する時は、**差し障りない話や笑えるような話をするのが無難**なのだ。

また、初対面の人に対して「ご結婚されていますか?」とか「お子さんは?」とか**家族ネタを聞くのもご法度**だ。

もし相手が結婚できずに悩んでいたり、子供ができずに苦労していたりしたら、けっして触れられたくない話題になるからだ。「うちの子が…」「妻が…」と相手から話を振られるまでは、自分から家族のことを聞かないのがマナーである。

76 その言い方では、伝わるものも伝わらない①

バッチリとキメ顔で写っている写真を得意げに見せられて**「この写真、よく撮れていますね」**とほめる人がいるが、ちょっと待ってほしい。この場合、やぶへびになる可能性がある。

なぜなら、こちらはほめているつもりでも、写真を差し出した相手によっては「それって実物はたいしたことないっていう意味？」と腹立たしく感じてしまうこともあるからだ。

特にSNSなどにアップしている写真は、今や写真加工アプリで簡単に修正することができる。実物より色白で目をぱっちり大きく、足を長くしてスタイル抜群に、ということも手軽にできるわけだ。

そんな加工済みの写真を見せられて「よく撮れてますね」と不用意に口にしたとたん、嫌味に受け取られることにもなりかねない。

こういう時にはまず、「さすが○○さんですね」などと、**あくまでも本人をほめるようにするのが鉄則**だ。間違っても〝**写真**〟**そのものを取り上げてはいけない**。

ところで相手の受け取り方によっては不快にとられかねないほめ言葉に「**お若く見えますね**」がある。

年齢に関するほめ言葉はとにかく使い方が難しい。本心から「お若く見えますね」とほめたとしても、「それって年齢の割にはってことじゃない！」と受け取られることもある。男性の中には童顔で貫録がないのが悩みという人もいるから、コンプレックスをよけいに刺激することになってしまう。

ではどうすればいいかというと、「肌がツヤツヤでお若いですね」とか「バイタリティがあってお若いですね」と**具体的なほめポイントを指摘するのがコツ**だ。「お若く見えますね」ではなく「お若いですね」に言い換えるのである。

77 その言い方では、伝わるものも伝わらない②

仕事中にかかってきた電話の取次ぎで担当者が席を外している時、**「ただいま○○は打ち合わせ中で席を外しております」**と返答している人は多いはずだ。

しかし、この対応はあまり好ましくない。実際に打ち合わせ中なんだから別にいいだろうと思うかもしれないが、時と場合によっては「打ち合わせ中」という言葉そのものが相手をイラ立たせることもあるからだ。

たとえば、緊急の要件で電話をかけてきている場合などは「大至急の要件なのに、悠長に打ち合わせなんてしてる場合じゃないぞ！」とか「こちらの要件よりも大切な打ち合わせなのか！」と受け取られかねない。

ましてやクレームの電話の場合は、相手が最初からイライラしている。「打ち合わせ中」という言葉が相手の怒りに油を注ぎ、「打ち合わせなんていいから早く電話に出せ！」ということにもなりかねない。

ほかにも**「来客中」**や**「会議中」**、当然ながら**「休憩中」**や**「すでに帰宅」**なんていうのも使ってはいけない。

では、どうすればいいのかというと、ただ「席を外しております」とか「外出中です」と伝えればいい。実際に**何をしているのか曖昧にしておけばいい**のだ。

これは、プライベートでの誘いの電話を断る時にも使える。たとえば、飲み会に誘われた日にすでに先約があり「その日は○○と遊ぶ約束をしているからダメだな」と言ってしまえば、相手はいい気分がしない。「俺の誘いより、あいつとの遊びのほうがいいわけだな」と不愉快に思われるのがオチだ。

「残念だけど、その日は先約があって無理なんだ」と詳しい理由は告げずに「先約がある」とだけ伝えることで、それほど気分を害さないはずである。

詳しく内容を伝えることだけが仕事や人間関係を円滑にするとは限らない。時には**あえて言わない部分があるほうがうまくいく**こともあるのだ。

電話対応でのスマートなモノの言い方

打ち合わせ中です 来客中です 会議中です	→「ただいま、席を外しております」
直帰の予定です	→「本日は社には戻りません」
聞こえません	→「少々お電話が遠いようです」
わかりません	→「わかりかねます」
できません	→「いたしかねます」

78
〝略語〟で伝えると、こんな誤解が生まれます

省略語が溢れている現代の日本。スマホ、コンビニ、パソコン、ファミレスなど、当たり前のように使っているこれらの言葉もすべて省略語だ。「駅前のコンビニエンスストアで…」なんて言う人のほうが今や珍しい。

しかし、自分や周囲の人がふだんから省略している言葉が、世間一般にもよく知られている言葉だとは限らない。

約束した予定を変更することになって「ＡＳＡＰでリスケしようよ」とメールしていたり、わからない言葉があって「この言葉をウィキっておいて」と頼んでも、相手にはまったく意味が通じないこともあるのだ。

知っていて当然だろうと思って使っていると、相手が戸惑ったり異なる解釈を

することもあるから気をつけたほうがいい。

こういう時には、**略さずにきちんとした言葉で**「できるだけ早くスケジュールを調整し直そうよ」とか「この言葉をウィキペディアで調べておいて」と話したほうが正確に伝わる。

特に、重要な内容を伝えたい時は、**勘違いやミスを避けるためにも省略をするのは控えたほうがいい。**

仕事でいえば、その業界でしか通用しない省略語をほかの業界の人に使ってしまうこともやりがちなパターンだ。

たとえば、広告用語で広告料金を払わずに自社の製品やサービスの記事を書いてもらうPR活動のことをパブリシティという。その省略語をパブというが、そのことを知らない人に「広告予算がないからパブで効果的にPRしていきましょう」と言っても、「パブ？」「飲み屋？」なんて勘違いが生まれてもおかしくない。

つい口グセになっている省略語だが、相手や状況を考えながら使っていくことを意識したい。

◎参考文献

『大事なことを一瞬で説明できる本』（木暮太一／かんき出版）、『脳を活かす伝え方、聞き方』（茂木健一郎／ＰＨＰ研究所）、『頭がこんがらがってうまく話せない時に試してほしい　知的な伝え方』（出口汪／大和書房）、『ストレスゼロの伝え方』（木村英一／ＣＣＣメディアハウス）、『伝え方が９割』（佐々木圭一／ダイヤモンド社）、『伝え方が９割②』（佐々木圭一／ダイヤモンド社）、『余計な一言』（齋藤孝／新潮社）、『「伝わらない」話し方「伝わる」話し方』（渋谷昌三／新講社）、『あなたの話は、なぜ伝わらないのか？』（別所栄吾／日本経済新聞出版社）、『10秒で伝わる話し方』（荒木真理子／日本実業出版社）、『たった一行で人を動かす　文章術』（潮凪洋介／総合法令出版）、『図解　心理トリック』（多湖輝／大和書房）、『雑談力が上がる話し方―30秒でうちとける会話のルール』（齋藤孝／ダイヤモンド社）、『YA心の友だちシリーズ　話し方ひとつでキミは変わる』（福田健／ＰＨＰ研究所）、『必ず結果を出す人の伝える技術』（佐々木かをり／ＰＨＰ研究所）、『【ＮＨＫ式＋心理学】一分で一生の信頼を勝ち取る方法』（矢野香／ダイヤモンド社）、『【図解】人をその気にさせる悪魔の心理会話』（内藤誼人／ＰＨＰ研究所）、『相手をイラつかせない怒らせない話し方と聞き方のルール』（竹内幸子／かんき出版）、『人はホメ技で１８０度変わる』（内藤誼人／幻冬舎）、『「話す力」を10倍伸ばす本』（梶原しげる／三笠書房）、『「いいね！」と言われる伝え方』（山本秀行／日本経済新聞出版社）、『絶対相手にＹＥＳと言わせる心理作戦』

(内藤誼人／オーエス出版)、『思い通りに人をあやつる１０１の心理テクニック』(神岡真司／フォレスト出版)、『手にとるように心理学がわかる本』(渋谷昌三、小野寺敦子／かんき出版)、『図解 ３秒で相手を操る！ビジネス心理術事典』(内藤誼人／イースト・プレス)、『他人を支配する黒すぎる心理術』(マルコ社)、『初対面の相手の心を一瞬で開く方法』(生田サリー／中経出版)、『「説得上手」の科学』(内藤誼人／日本経済新聞社)、『愛する二人 別れる二人―結婚生活を成功させる七つの原則』(ジョン・M・ゴットマン、ナン・シルバー／松浦秀明訳／第三文明社)、『人に聞けない 大人の言葉づかい』(外山滋比古／中経出版)、『雑談の達人 初対面でも１００％うちとける会話の心得』(内藤誼人／大和書房)、『人は「話し方」で9割変わる』(福田健／経済界)、『頭がいい人が使う 話し方のコツ』(神岡真司&日本心理パワー研究所編／日本文芸社)、『心を引きつける 気のきいた「話し方」75』(福田健／三笠書房)、『面白いほど雑談が弾む１０１の会話テクニック』(神岡真司／フォレスト出版)、『図解「話す力」が面白いほどつく本』(櫻井弘／三笠書房)、『【図解】人を魅了する暗示の技術』(内藤誼人／KKベストセラーズ)、『できる人の口ぐせ』(菊入みゆき／中経出版)、『クーリエ・ジャポン Vol.112』(講談社)、『PHP２月増刊号 話のおもしろい人、つまらない人』(2017.12.18／PHP研究所)、『THE21』(2010.2 No303, 2010.4, No305, 2015.5, No.366／PHP研究所)、『日経ビジネス アソシエ』(2009.7.7／日経BP社)、『プレジデント』(2015.6.1, 2017.12.18／プレジデント社)、『ターザン』(2018.3.8／マガジンハウス)ほか

青春文庫

30秒《びょう》でささる!
伝《つた》え方《かた》のツボ

2018年 7月20日　第1刷

編　者　ビジネスフレームワーク研究所《けんきゅうじょ》

発行者　小澤源太郎

責任編集　株式会社プライム涌光

発行所　株式会社青春出版社

〒162-0056　東京都新宿区若松町 12-1
電話 03-3203-2850(編集部)
03-3207-1916(営業部)

印刷/中央精版印刷
振替番号　00190-7-98602
製本/フォーネット社
ISBN 978-4-413-09700-0

ほんとうのあなたに出逢う　青春文庫

ヨソでは聞けない話
「食べ物」のウラ

㊙情報取材班［編］

解凍魚でも「鮮魚」と名乗れるのはなぜ？
ほか、カシコく、楽しく、
美味しく食べるための必携本！

（SE-696）

失われた世界史
封印された53の謎

歴史の謎研究会［編］

世界を震撼させた「あの事件」はその後…。
ジャンヌ・ダルク、曹操の墓、ケネディ暗殺…。
読みだすととまらない世界史ミステリー。

（SE-697）

「おむすび」は神さまとの縁結び!?
暮らしの中にある
「宮中ことば」

知的生活研究所

宮中などで使われていた上品で雅な言葉。
じつはその心は今も息づいています。
〝雅な表現〟の数々を紹介！

（SE-698）

伸び続ける子が育つ
お母さんの習慣

高濱正伸

「将来、メシが食える大人に育てる」ために
お母さんにしかできないこととは？　10万人
が笑い泣いたベストセラー、待望の文庫化！

（SE-699）